管理瞭望

《清华管理评论》2020年文章精选

《清华管理评论》编辑部　主编

企业管理出版社
EMPH ENTERPRISE MANAGEMENT PUBLISHING HOUSE

图书在版编目（CIP）数据

管理瞭望：《清华管理评论》2020 年文章精选 / 《清华管理评论》编辑部主编 . —北京：企业管理出版社，2021.11

ISBN 978-7-5164-2489-6

Ⅰ. ①管… Ⅱ. ①清… Ⅲ. ①经济管理 - 文集 - 2020 Ⅳ. ① F2-53

中国版本图书馆 CIP 数据核字 (2021) 第 182614 号

书　　名：管理瞭望：《清华管理评论》2020年文章精选

编　　者：《清华管理评论》编辑部

责任编辑：蒋舒娟

书　　号：ISBN 978-7-5164-2489-6

出版发行：企业管理出版社

地　　址：北京市海淀区紫竹院南路17号　　　邮编：100048

网　　址：http://www.emph.cn

电　　话：编辑部（010）68701661　发行部（010）68701816

电子信箱：26814134@qq.com

印　　刷：河北宝昌佳彩印刷有限公司

经　　销：新华书店

规　　格：700毫米 × 1000毫米　16开本　10.25印张　110千字

版　　次：2021年11月第1版　2021年11月第1次印刷

定　　价：48.00元

序 言

我们正处于一个剧变的时代，对于这一论断，似乎已经没有太多异议。然而，应如何在这样一个时代自处，答案尚未彰显。

以观望的态度立于原地，并非明智之举，甚至可以算是某种意义上的提前缴械。剧变之下，静止即是后退，不变即是败北。选择做出改变，应对挑战，也不是一件容易的事情。在一个意义深远的转型期，习以为常的观念与行之有效的方法不再灵验，既有的路径通向的是过往而非未来。

变或者不变，无疑是困扰着绝大多数组织的困境，要如何才能走出这一困境?

本书是2020年在《清华管理评论》杂志上发表的文章精选。收录的11篇文章涵盖了组织行为、领导力、战略、创新、企业家精神、社会责任等诸多领域，所论述的内容涉及企业管理、医院等非营利组织的管理以及产业层面的思考等。这些文章的作者基于长期的观察、思考、研究甚至亲身实践，对所讨论领域面临的新现实、新挑战进行了清晰的描述，并给出了应对的思路、方法和工具。将这些思路、方法、工具置于组织或管理者所处的具体情境中，可以从中获得有益的行动指引。

然而，启发实践并不是本书试图提供的全部，我们还希望读者能够看到每一位作者是基于怎样的观念框架来构筑自己的理论与观点的。剧变时代之下的应对无措，其根源并非工具方法的缺失，而是观念框架与新的现实格格不入甚至背道而驰。11篇文章的作者，虽然讨论的领域与关注的层面各不相同，但无一例外，都在审视、反思已有管理假设是否已不再合时宜，而我们也正是在这个意义上认为这样的11篇文章具有集结为一本书的可能。

《清华管理评论》杂志创刊于2011年，自创刊起，就秉持“思想引导变革”的办刊宗旨。这一宗旨并不是将思想置于实践之上，而是提示着思想之于实践的重要性：对推动变革发生的伟大思想抱有殷切的期待，同时，对驱动、塑造当下实践的思想保持清醒的认知。

这不是一本系统回答如何应对剧变时代的管理图书，事实上，面对空前而彻底的变革，期待从一本书中获得全面而具体的行动指南，是不现实的，也是危险的。剧变时代的管理求索，是对适宜于新现实的管理实践的求索，也是对能够提供行动指引的管理理论的求索，更是对理论所赖以构建的思想的求索。

《清华管理评论》编辑部

2021年8月

目　录

中国医疗管理前行：从数据和系统视角出发

范正浩 谢小磊

在中国医改的新阶段，有限的医疗资源和人们日益增长的医疗需求之间的矛盾不能被忽视，提升医疗服务系统的安全、质量、效率和公平性愈发重要。面对绕不开、躲不过的难题，我们需要新的视角、新的支点、新的力量来助力创新，从而获得科学可行的解决方案。其中，基于充分积累的医疗数据和先进的系统科学与工程方法的管理模式持续改善，正是破解医改难题的新钥匙。

范正浩，清华大学工业工程系博士研究生
谢小磊，清华大学工业工程系副教授、博士生导师、卫生与医疗服务研究中心主任十几年来，我国深化医药卫生体制改革的步伐从未停下。中国医改在全面铺开、快速推进、取得喜人的阶段性成果的同时，正在向深水区挺进。在中国医改的新阶段，有限的医疗资源和人们日益增长的医疗需求之间的矛盾不能被忽视，提升医疗服务系统的安全、质量、效率和公平性愈发重要。面对绕不开、躲不过的难题，我们需要新的视角、新的支点、新的力量来助力创新，从而获得科学可行的解决方案。其中，基于充分积累的医疗数据和先进的系统科学与工程方法的管理模式持续改善，正是破解医改难题的新钥匙。

世界医疗系统管理中的先进经验

医疗管理是一项典型的系统工程，需要系统整体与局部间的关系协调和相互配合，从而实现整体的最优运行。全球范围内的先进医疗系统的管理经验告诉我们，管理理念的创新，需要系统维度的医工交叉思想的引入和真实世界数据的支持。类似的管理理念、思维和方法已经成功地应用于制造、航空、零售等多个领域，其中部分已被证明是人类社会的精华和财富。

医院管理：梅奥医院

2019年7月29日，《美国新闻与世界报道》（*U.S. News & World Report*）发布了2019—2020年度全美最佳医院排名，其中，梅奥医院（Mayo Clinic）连续四年位居第一，在美国激烈的医疗市场竞争中展现出无可匹敌的实力。提到梅奥，人们往往会联想到其上百年来秉承的“患者至上”的医院文化。然而，真正将这种理念落实到医院运营中，却并不容易。梅奥医院官网列出了医院自成立以来的150个对医学的重大贡献，其中排名第一的是开发并实践了多学科团队的整合性医生团体执业。这是梅奥医院在医疗运营管理层面上实践系统工程方法的重要体现，也是对“患者至上”核心价值理念的实现方法。

梅奥医院在使用系统科学、运筹学等科学方法支持医院运营方面，有深厚的文化积淀。早在一百多年前，梅奥医院的医生亨利·普兰默就对应用工程方法改善医院管理产生浓厚的兴趣。他开发第一个整合性的（纸质）病历管理平台，并用于对院内医生分享患者信息，从而优化医院的治疗和运营决策。1947年，医院成立工业工程团队，应用系统工程方法为医院的排程、工作流分析等提供服务优化的支持。

随着梅奥医院逐渐发展成为全球影响力最大的医疗中心之一，他们更加意识到优化服务流程、精益管理和挖掘数据价值的重要性。2014年运筹学和管理科学研究协会（Institute for Operations Research and the Management Sciences, INFORMS）的报道提到，梅奥医院雇用了超过500名的系统科学家、运筹分析师作为医院管理人员或研究顾问。这些专家成立了工程师与医生合作的交叉学科研究团队，应用真实数据和前沿分析方法，增强战略规划，重构护理流程，围绕患者提出解决方案，在提升患者体验的同时，提高库存管理和项目推进效率，从而带来可观的营收利润。梅奥医院在安全、质量、效率和公平性等多个维度实现了价值提升，打造出自己的医院文化和品牌。梅奥医院的首席执行官约翰·诺斯沃西表示："运筹学和系统科学研究深深植根于梅奥医院的文化中，正是这些学科帮助我们在提升患者服务质量的同时控制医疗成本。"在英特尔、UPS、IBM、福特、宝洁等公司之后，梅奥医院被运筹学和管理科学研究协会评为2014年最佳运筹学研究组织。

医疗体系管理：发达国家战略报告

应用系统思维和数据辅助管理运营，不仅仅局限于少数尖端医疗机构。在过去的十几年中，西方发达国家也面临着医疗系统花销大、效率低等问题。同时，类似的问题在制造、航空、零售等领域中，被工程师们应用数据分析和系统工程的方法成功解决，并为相应的领域带来巨大价值。因此，发达国家发布多个工程学助力医疗系统优化的国家战略报告，不约而同地提出基于数据、从系统的角度进行优化的理念。

2005年，美国国家工程院和国家医学院联合发布报告《建立更好的服务体系：新的工程/医疗合作关系》，认为美国目前的医疗行业忽视了工程策略和技术应用。报告指出，自1990年以来，医疗费用急速增长，大约是通货膨胀速度的三倍。面对这样的现状，报告认为工程方法已经在很多行业的优化改善中发挥了重要作用，也应该逐渐应用于医疗体系，提升医疗服务质量，控制医疗服务成本。

2014年，美国总统执行办公室和总统科学技术顾问委员会联合提交了题为《更好的医疗保健和更低的成本：利用系统工程加速改善进程》的报告。报告指出，高达33%的医疗成本和医生工作时间在目前的医疗系统中被浪费。医疗系统中的浪费问题可以通过系统工程方法得到解决，这套先进的改进工具已经成功应用于航空业、制造业等行业，并且在医疗系统中有很好的表现，却并未被广泛推广。因此，总统科学技术顾问委员会建议总统采取有效措施，在美国建立一支用系统工程基本知识"装备"起来的医疗卫生管理队伍，从各个层面落实系统工程方法，加速提升美国的医疗水平。

2017年，英国皇家工程学院发布报告《将系统方法应用于健康医疗体系设计并持续改善》，指出英国的医疗体系面临资源有限、需求激增等多项严峻的挑战，亟须通过服务模式的转型和升级来应对这些挑战。在新模式升级过程中，需要综合考虑患者、医生、医疗机构等多个利益相关方及其交互，需要用系统的方法作为指导。报告汇报了部分试点城市使用相应系统工程方法带来的医疗机构绩效提升，例如，某地区医院30天再住院率从2012年的17.4%降至2014年的15.9%，同时，医院的平均住院时长也有显著下降。

面对医疗资源有限、人口老龄化带来的医疗需求增长等问题，发达国家基于数据、从系统的角度进行优化的医疗改革战略，对我国医疗改革的进一步突破提供了重要参考。

医疗系统中的管理核心问题

无论是美国最好的医疗机构，还是发达国家的医疗管理战略，都充分认可数据和系统科学在医疗管理领域中的重要性。那么，它们是如何在医疗管理中发挥作用的呢？我们将结合中国老百姓“看病难、看病贵”背后的两个管理核心问题，通过简单易懂的案例，分析数据和系统科学在其中扮演的角色。

医院排队问题

导致“看病难”的主要原因包括医疗资源不充分、不均衡和医院内排队、等待时间过长。前者可以通过国家对医疗系统的投入和医疗资源的下沉逐步解决，但后者则是世界范围内的医疗系统难题。即使在医疗资源充分、均衡的发达国家，也常常出现医院内外排队和长时间等待的问题。英国国家健康系统报告指出，英国2016—2017年门诊首诊预约患者的平均等待时间高达49天，并且这个数据近年来呈现不断上升的趋势。我国医疗系统面临同样的问题，排队等待时间过长，等待过程中患者的焦躁和不安，很大程度上降低了患者的就医体验和满意度。

排队问题并不是医院的敌人。患者排队体现出就医人数多，反映出医院的利用程度高，一个没有排队的医疗系统反而是低效的，因为这种模式严重浪费了宝贵的医疗资源。这时，患者的就医体验和医院的运营收益则成为需要权衡的问题（见图1）。如何找到平衡点，既让患者满意，也让医院提高运营收益，是需要从系统角度综合考虑的管理核心问题。处理好这类决策问题，可以为我们的医疗系统管理带来突破性的提升。

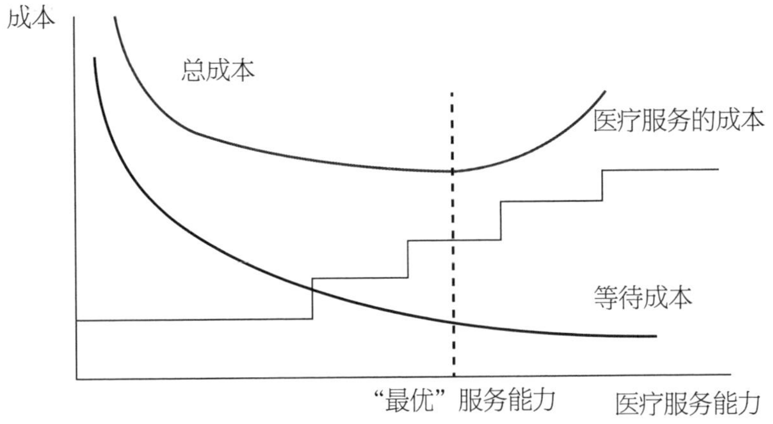

图1　患者等待成本和医疗资源成本的权衡：寻找“最优”服务能力

这个问题的背后，涉及诸多利益相关方，基于传统的分析很难做出合理决策。医院需要提高运营绩效，医生希望减少加班时间，患者不希望排队等待，传统解决方案往往会按下葫芦起了瓢，不能从全局获得最优解，而使用系统科学方法，综合分析各利益相关方的诉求，提炼出数学模型并求解，可以针对医院的排队问题做出精准的设计和规划，给出最优的解决方案。

同时，就医过程中也会出现大量随机因素，如每天就诊患者数量的不确定性、患者预约就诊却缺席、患者问诊时长不确定等。数据驱动的系统科学方法，基于已有数据对患者的行为进行精准预测，将随机行为纳入运筹学模型中，可以真实有效地用模型模拟医院场景，为科学解决就医过程中的排队问题提供方法支持，帮助医院在医疗资源有限的条件下实现医院运营效率和服务水平的最大化。

医疗系统支付问题

医生抱怨“收入低”，百姓抱怨“看病贵”，医疗系统的支付体系是困扰大家的重要问题。近年来，我国力推住院患者按病种付费的支付模式，这种付费模式的转型，正是系统科学与数据应用于医疗系统的实例。

区别于此前的“实报实销”的按项目付费，按病种付费是一种医疗保险预先支付的制度，即医疗管理部门预先设定各个病种的支付单元和支付标准，当实际花费与固定保险价格有出入时，医院则自负盈亏，以此种方式倒逼医疗机构控制医疗成本。

虽然按病种付费的预付制度已被证明可以有效控制医疗费用，但是“一刀切”的付费标准也会产生诸多服务层级的问题。例如，标准制定不科学、降低成本带来的服务质量下降等。制定支付标准的过程中，医疗管理部门需要充分考虑临床实际；在支付决策中，需要综合考虑医疗机构的服务质量、病例复杂度等多个因素。这显然是一个需要利用大量临床数据的系统科学问题。在20世纪70年代，耶鲁大学运筹学和公共卫生领域学者联合创立了疾病诊断相关分组（Diagnosis Related Group, DRG）的付费模式，之后被德国、澳大利亚等多个发达国家引进并作为医保支付和医院管理的工具。

疾病诊断相关分组是一套聚焦医疗资源消耗的住院病案分组方案，基于真实数据，综合考虑病例的多种因素，将临床过程相近、费用消耗相似的病例分到同一个DRG组中。DRG分组方案关注每个病例在医疗服务费用和产出方面的同质性，方便人们比较分析不同的病例及医疗服务。DRG分组方案的设计主要基于该地区累积的医院病案数据，更加具体灵活，符合临床实际。同时，根据分组方案人们可以系统地对医疗机构的病例复杂度、医疗质量和服务绩效进行评价。在这样的分组模式下，医疗保险支付方可以根据DRG的分组情况，按照权重对所有住院病例做统一的付费管理，为按病种付费提供了科学的标准；同时，卫生管理部门（如卫健委）会对下辖医疗机构的医疗质量和服务绩效进行要求和管理，为按病种付费提供合理的补充（见图2）。

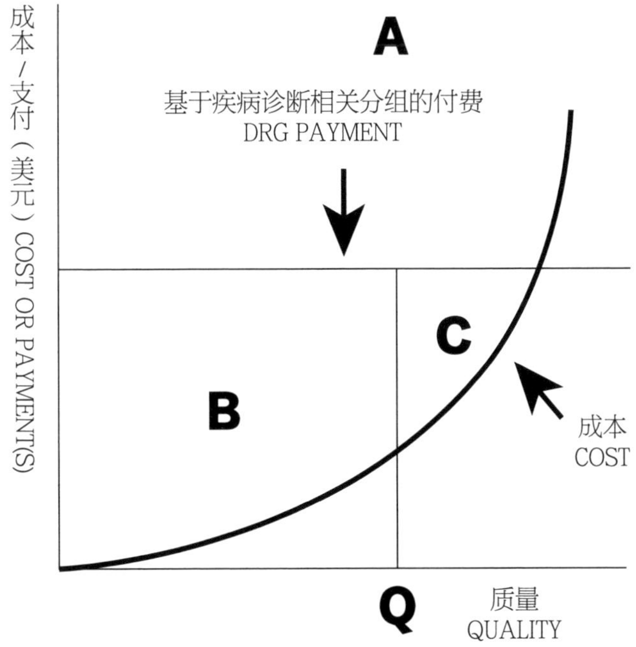

图2　通过DRG支付制度将医疗质量与费用推进C区

系统科学与数据驱动方法不仅用于支持医疗系统中的新支付模式，更可以牵引新的服务模式，优化资源配置。例如，有学者基于DRG分组方案，提出“早期DRG”的概念，即在每位患者入院时，根据其病案数据和医疗机构历史数据，预测患者所处的DRG组，在此信息基础上，预测性地系统优化临床路径和资源配置，提升医疗系统的服务效率和质量。

给中国的借鉴和启示

目前，中国医改已进入深水区，构建科学支持的整合型医疗服务体系至关重要。中国医疗系统的管理水平仍有较大提升空间，虽然需求远远多于资源，但是在运行过程中仍然会出现资源利用率较低等问题。同时，随着消费升级，人们对医疗资源的需求越来越高，我国有限的医疗资源分布严重不均衡，这给三四线城市和农村居民的医疗服务质量保障带来很大的挑战。

面对这样的难题，深化医改亟须引入新理念，产生突破性甚至颠覆性的创新，实现整个医疗系统管理模式的改善。数据和系统科学的应用，可以为我国医改提供重要的借鉴和启示。与前文中提到的已经大规模使用真实数据和系统科学的欧美国家相比，中国医疗资源明显更加稀缺，分布更不均衡，对于这些管理工具的需求也更加迫切。在医疗系统管理中的提前布局，可以为后续的深化医改工作指引方向、拓展思路，带动新一轮的改革浪潮。

事实上，相较于欧美国家，中国具备更强的管理模式创新的可行性，在医疗管理上的改善，是中国医疗系统实现对西方发达国家“弯道超车”的重要赛道。首先，中国是医疗改革的蓝海，中国对新技术的包容性高于发达国家，包括大数据、区块链、人工智能等在内的新技术，可以在医疗系统中积极推行。其次，中国医疗系统管理的可塑性非常强，科学的方法和模式很容易被中国医院引入，并发挥最大的价值，提升整个医疗系统的效率。同时，中国医院对新的管理方法和模式的引入和响应速度极快，良好的管理策略的优势可以很容易得到发挥，而不合适的管理策略会很快暴露并被剔除，这非常有利于中国医院探索尝试新技术、新模式，并推陈出新。

本文从医院运营、医疗标准、医疗服务体系和医疗文化等几个方向提出面向未来的、可供参考的中国医疗管理改善与数据和系统科学结合的视角。

首先，提升医院运营管理水平，应用创新服务管理模式牵引智慧医院建设。借鉴发达国家医院的管理模式，中国医院可以积极探索合适的运营管理模式和智慧医院的建设。中国医院可以进一步推行医生和管理者共同决策的模式，借助于来自高校、科研机构的系统工程师和科学家，为医院的运营决策提供支持。同时，设计和开发高响应智慧医疗预约系统、智能院内导航系统等，为患者提供便利服务。积极推动医院的信息系统智能化，建立大规模的医院数据库，基于数据构建患者行为预测引擎，实时更新数据库，精准预测患者的需求和行为，辅助医疗管理决策。在新的管理技术和模式引入医院后，逐步建设智慧医院，实现医院的创新、自主、智能、透明、友好，提升医院运营管理收益和患者满意度。

其次，落实医疗标准管理，让先进科技在医疗服务中发挥更大价值。随着技术发展和进步，很多新药品、新医疗器械、新管理模式会加入医疗系统中。标准化为医疗科技在医疗系统中的共享、应用和推广搭建了桥梁，也能进一步为促进健康产业的服务创新做出贡献，对医疗系统的效率产生显著影响。例如，制定合理的医疗药品和器械使用的评审标准，减少或避免无意义、重复性的临床试验，可以缩短医疗药品和器械的研发周期，使新技术快速投入使用，提升医疗质量。构建具有我国自主知识产权的评价测试技术平台和准入标准，有利于我国在高精尖医疗器械领域做好专利布局，从而提升该领域的国际竞争力。我国先进的医疗服务管理模式主要源于试点城市或医疗机构的探索，在探索成功后的推广过程中，则非常依赖服务模式标准化的实施。以上种种标准化的探索性研究，都将成为医疗管理发展空间的前沿。

再次，推进医疗服务体系提升，将系统科学落地于医工交叉，从全局角度出发，更加科学合理地整合利用稀缺医疗资源。在我国深化医改的工作中，医疗服务体系的创新至关重要。面对我国医疗资源分配不均的现状，设计创新管理模式和制度，推动医疗资源下沉至关重要。分级诊疗模式可以有效促进医疗资源的平衡。基于数据驱动的转诊标准的确定，可以在保障医疗服务质量的同时实现患者在中心医院逗留最短时间，从而有效利用大医院宝贵的医疗资源。社区医院的初诊和康复，可以给患者以全就诊流程上的健康服务管理，进一步提升医疗质量。基于分级诊疗体系提前布局“医院—康复养老机构”的医养结合的健康服务生态，关注医疗服务中的连续性，给老年患者提供全生命周期的医疗和康养服务，以应对人口老龄化。从系统出发，科学设计分级诊疗体系，促进中心医院和社区医院以及其他健康管理机构的良好互动，突破远程医疗技术，打造互联网医院，对护理人员等医疗行业从业者提供培训并持续赋能，从而建设大健康范畴下的智慧城市/智慧乡村，科学合理地利用和拓展医疗资源，创造健康环境，提供健康服务，并持续进行健康管理与提供保障。

最后，促进医疗服务中的文化建设，开展基于价值医疗的理念传播和人才培养。传统的粗放式医疗健康服务正在逐渐被注重质量和效率的“价值医疗”健康服务模式替代。在进一步深化医改的过程中，在注重医院运营、医疗技术、医疗服务体系的同时，绝不能忽视医疗文化的塑造与传播。逐步打造基于价值的医疗服务文化，为进一步的改革提供文化积淀。此外，在医学人才培养中需要强调数据分析和系统科学的重要性，加强医疗管理理念和系统工程思维的培养。

健康医疗服务的持续改善是国家实力提升、社会进步的底色，也正作为核心助力，推动国民经济转向高质量发展。深化医改对我国的发展举足轻重。在当前阶段，借鉴先进经验，把握核心问题，应用系统视角和医疗数据解决中国医疗管理中存在的问题无疑是对全球范围内医疗系统优化的最好示范和对国内民众健康需求的有力回应。

《清华管理评论》2020年文章精选

数字创新与全球价值链变革

王毅 |文

全球价值链的复杂开放生态系统对企业提出挑战，但也要乐观地看到，数字创新提高了全球价值链的透明度，包括用户在内的参与者的数据呈爆炸性增长趋势，企业要以ABCD技术为基础，拥抱数字创新驱动的全球价值链变革。

王毅，清华大学经济管理学院副教授，清华大学技术创新研究中心副主任人工智能（A）、区块链（B）、云计算（C）、大数据（D）技术（以下简称ABCD技术）的兴起和迅速发展，引发了企业管理实践界和理论界对新一轮技术革命和产业革命的热议，一场变革即将发生成为共识。

以工业革命为起始点，一种观点认为正在发生的是第六次技术和产业革命，另一种观点认为是第二次机器革命。“六次论”认为，在过去的240年中，人们已经经历了五次技术革命：第一次是工业革命，人们开始大量使用机器、工厂化生产以及开凿运河，运河就是当时的互联网；第二次是从1829年起，产业发展进入蒸汽、煤、钢铁和铁路时代；从1875年开始第三次，产业发展进入钢铁和重工业时代，电力应用开始普及，化学工业兴起，海运兴旺发达，这个时代经历了第一轮全球化的过程；第四次开始于1908年，以福特T型汽车出现为标志，产业发展进入汽车、石油、石油化工以及大规模生产的时代；第五次开始于1971年，当年英特尔推出微处理器，标志着信息技术和通信时代的来临；ABCD技术开启的是第六次。

“二次机器革命论”认为，以蒸汽机、电动机、内燃机为代表的第一次机器革命使人们克服了肌肉力量的限制，以ABCD技术为代表的第二次机器革命则以增强人类思维能力为特征，将使工作岗位、公司和产业发生巨大变化，而且ABCD技术只是一个开始，未来还会有更多的新技术到来，从这种意义来看，这场革命的影响会更为深远。

无论是第六次技术和产业革命，还是第二次机器革命，ABCD技术驱动的数字创新都会在这场变革中发挥重要作用。前五次技术和产业革命，或者第一次机器革命推动了企业经营活动的全球化，形成今日的全球价值链。数字创新会驱动价值链的变革，从而推动全球价值链的变革。

数字创新

数字创新以人工智能、区块链、云计算、大数据技术为基础，以实现用户价值的产品和服务创新为核心，以战略创新为引领，以（运营和工艺）流程创新、商业模式创新、组织创新为支撑。

数字创新的核心是实现用户价值的产品和服务创新，这使数字创新能够始于构想，经过研究开发和（或）设计、制造和（或）运营，获得用户，从而商业化成功。用户价值就是直接或间接解决用户痛点，让用户愿意使用产品和服务，用户会对产品和服务形成信赖（场景激发、碰到问题时首先想到）或依赖（离不开、频繁使用、付出时间），并产生实际的货币支付或具有强烈的支付意愿。

数字创新的用户价值可以通过三种形式确定：第一种是由供给方定义，用户做出选择；第二种是用户和供给方一起定义；第三种是用户定义，供给方予以满足。从第一种到第三种，用户的主动性逐渐提高。用户在价值定义中的权力升级是数字创新的显著优势，对这一优势的认识和利用，不但会出现在新兴产业，也会渗透到成熟产业。

产品创新中的数字成分大幅度提升，包括数字芯片、软件、在线实时数据交互等多种形式，实体成分和数字成分共同实现用户价值，飞机、高铁、汽车等复杂产品如此，简单产品如音箱、风扇、冰箱、空调甚至一棵青菜、一张纸都可以有数字成分的增值。服务创新中的数字成分同样大幅度提升，尤其是用于服务的数字硬件、软件，服务的实体硬件和数字软件共同实现用户价值，高技术复杂服务如数据与语音通信、金融服务等，简单服务如餐厅点菜、便利店购物等都可以做到数据交互实时在线。

数字创新带来的一个新趋势是产品和服务创新的融合程度大幅度提升，可以实现用户价值的场景化实时满足。简单如共享单车和共享充电宝等产品、服务创新的融合，复杂如飞机发动机的实时在线和按飞行时间付费，远如汽车无人驾驶技术实现之后的按需呼叫使用。数字创新中的产品和服务融合还体现在接口的开放，不只是有一些硬件的接口，还有更为灵活的软件和数据接口，通常都可以由在线实时数据为价值延伸、价值植入、价值重构提供基本条件。

数字创新的技术基础是ABCD，即人工智能、区块链、云计算、大数据等，以及未来将出现的新技术。数据实时在线是数字创新中的必要组成部分，原材料或零部件的制造过程、产品的制造销售和交付过程、服务的运营过程、产品和服务的用户使用过程等多个环节都有数据实时在线的可能性，而且能为用户的产品和服务价值感知做出贡献。ABCD技术需要以各种形式融入企业原有技术体系，企业要形成新的技术创新能力。

数字创新以战略创新为引领。数字创新具有综合性、长期性、全局性、跨部门，甚至跨产业等特点，因此要以战略创新为引领。综合性体现为数字创新中数字部分和非数字部分的协调融合，二者之间既有相互促进的效应，也不排除有挤压甚至替代的效应。长期性主要指投入产出时间长，对未来多年的效益、竞争优势甚至企业生存都具有影响。全局性指数字创新对企业的各个层面，甚至外部的利益相关者都会产生实质影响，具备牵一发而动全身的作用。跨部门指数字创新的实现需要在多个部门的协同努力下完成。跨产业表现在数字创新让产业之间的界限模糊，例如最为基础的制造业和服务业之间的界限，不同制造业、不同服务业之间的界限不再那么分明，而是围绕用户最终的使用价值来重构。

数字创新以（运营和工艺）流程创新、商业模式创新、组织创新为支撑。数字创新需要企业在运营流程、工艺流程、组织结构甚至商业模式等方面进行创新，并予以支撑，甚至形成企业的全面创新局面。运营流程、工艺流程、组织结构的调整为数字创新的成功实现提供与ABCD技术基础相并行的组织管理基础，甚至商业模式创新和全面创新的转型调整支撑作用。这里特别强调的是，商业模式创新并不是独立的、跟产品和服务创新的核心地位相提并论的，而是对产品和服务创新形成强大的支撑作用，用户感受到的是产品和服务价值，而不是商业模式。但商业模式创新和全面创新在有些情况下不仅是需要的，而且是必要的。产品和服务创新这个核心与技术基础、组织管理基础之间具有复杂、动态的交互作用，数字创新过程的多主体性，开放性，生态系统、复杂系统特性由此产生。

价值链变革

价值链是实现用户价值的产品和服务的所有活动的集合，这些活动可以称为价值链活动，包括原材料、研究开发与设计、制造或运营、物流、销售、交付、售后、弃用后处理等活动域。工业革命以来，价值链变革的大趋势是裂变，即从一体化向企业内部的专业化分工，再进一步向企业外部的专业化分工转变，企业价值链演变为产业价值链，规模制造、规模分销、规模物流和规模消费成为主流范式，专业化、规模化和协同带来规模经济和范围经济，甚至推动了产业链环节或活动的区域集群，从而形成了全球产业链的格局。数字创新对用户价值及其定义方式的变革，驱动价值链的变革。如图1所示，从价值链结构和价值链范围的变革来看，价值链变革包括价值链数字重生、价值链数字增生、价值链数字孪生、价值链数字新生等基本形式。

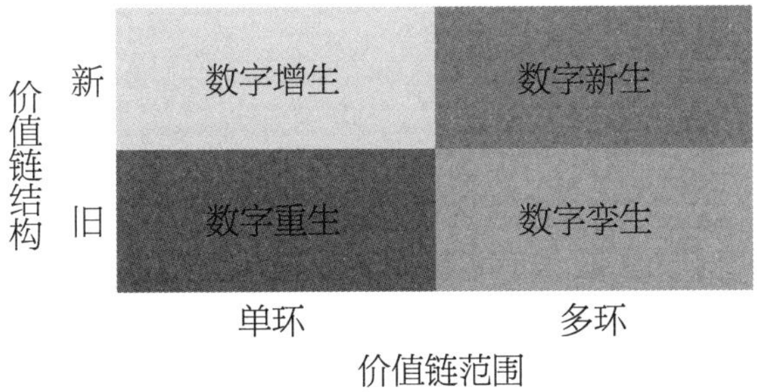

图1　数字创新驱动的价值链变革

价值链数字重生指价值链的某个环节以数字化方式实现，以数据实时在线为基础来完成价值链环节的必要活动。销售环节，更为具体的零售环节，在线销售的出现和快速发展，是价值链数字重生的典型代表。在线销售的发展从书籍、电子产品等标准化、交付便利的品类开始，已经实现了生鲜等非标准化、需要冷链物流交付的品类的在线销售。无人零售、线上线下融合的新零售等方式都进入实用阶段，交易物品和交易对象的实时在线成为零售数字化的关键。与在线销售密切相关联的一个环节，就是在线支付。在线支付的便利甚至有取代现金支付的趋势。在线设计是正在大力发展的数字化价值链环节，从简单的平面图形、到3D立体等复杂产品的设计，都已经有一些相当规模的在线平台。在线销售能够让用户需求更好地与商品或服务匹配。在线设计能够帮助用户实现个性化需求。一些开放创新平台甚至能帮助企业发布需要解决的技术问题，并找到解决方案。开源软件平台能够聚集全球的程序员协同完成软件设计。

价值链数字增生是以数字化的形式来实现新增价值链环节，这些环节给用户带来全新的价值。依靠在线实时数据完成供需匹配的价值链新环节，催生了一些互联网平台，在线打车、在线外卖、在线民宿等都在短期内实现了快速发展，让用户的出行需求、美食需求和住宿需求得到更好的满足，同时也让多样化的出行服务提供者、美食供应商、民宿拥有者更便捷地找到合适的用户，彻底改变用户出行、饮食方式和住宿的习惯。新型数字价值环节的引入，是价值链数字增生的另一种形式。例如，被寄予厚望的自动驾驶汽车，既需要在汽车上新增数字控制系统，甚至汽车操作系统，也需要实时数据在线的智能平台支撑。产品和服务数字化程度越高，价值链数字增生就越多，数字价值的比例也越高。

价值链数字孪生是多个价值链环节实现数字化，主机数字化、制造数字化、产品使用数字化、产品维护数字化等多个环节利用实时在线数据创造价值。例如，高铁车厢、核电设备等复杂产品系统的数字三维模型能够为设计、制造、运行、维护等多个环节带来新价值。飞机、发动机、风力发电设备、空调等多种设备，其运行过程的在线实时数据能形成一个虚拟设备的使用再现，制造商可以据此进行设备远程监控、预检、维护和维修等。价值链数字孪生能够实时在线复现具象的价值链，孪生数据的累积为价值链的持续改进带来众多价值创造的机会。

价值链数字新生是以新定义的用户价值为中心、数据实时在线为基础，融合新价值链要素，创造全新价值链结构。价值链数字新生是变革最大的一类，价值链结构变化，融入新的数字化价值链要素，涉及的价值链范围广，甚至波及价值链全局。新定义的用户价值是价值链数字新生的中心，用户的显在和潜在需求得到挖掘和满足。例如，整合旅游目的地的各种资源要素，为用户提供更便利、服务质量有保障的综合旅游服务，大幅度提升用户旅行前、旅行中和旅行后的服务体验，需要整合旅游服务价值链上的景点、酒店、交通、餐饮、旅行社、纪念品商店等要素，更重要的是这些价值链要素、用户旅行轨迹能够实时数据在线。这些数据既能直接提升用户旅游体验，也能为相关政府监管部门提供数据基础，从而做到快速跟踪处理。跟原有的分散价值链结构和大量信息不对称的情况相比，大幅度提升用户旅游体验，能实现用户价值和旅游资源要素的相互正反馈和良性发展。

以价值链数字重生、价值链数字增生、价值链数字孪生、价值链数字新生为表现形式的价值链结构和价值链范围的变化，推动价值链变革的趋势从以裂变为主转化为聚变和裂变的辩证统一。价值链的聚变是从需求端出发，以用户价值为中心，催生一些与用户价值密切关联的平台，甚至是超级平台；裂变是从供给端出发，对用户价值实现有贡献的供给，分工更细，专业化更强，接入价值链更便利，价值网络演化推动复杂开放生态系统的形成。

全球价值链变革

价值链的结构变化和聚变、裂变趋势驱动全球价值链的纵向聚变、横向聚变、价值重构和开放畅联。

全球价值链的纵向聚变

全球价值链的纵向聚变是价值链上的某个主体（一般是处于领导地位的主体）采用ABCD技术对分布在全球的主要或全部价值链环节实现一体化，其中通常都会用到实时在线数据。纵向聚变跟原有复杂产品系统在全球分工、裂变的过程相反。产品越复杂，其生产包括的工序越多，其纵向维度更长。但是，纵向聚变不是简单地回到最初价值链的企业内纵向一体化的状态，而是可以在既有市场型、模块化、关系型或领导型的治理机制的基础上，增加数据治理。纵向聚变者对企业外部价值链活动的信息、指导和监管，通过实时在线数据的聚集来实现，价值链活动的组织界限不再给全球价值链的效率带来负面效应。

纵向聚变的另一个方面是价值链的延伸，一种形式是从制造向服务延伸，另一种形式是从服务向制造延伸。例如，飞机发动机、风力发电设备、机床等制造商，通过设备运行数据实时在线，可以从研发、制造、销售和金融服务的价值链上延伸到分时租赁或发电效益分享，甚至有设备制造商提出转型为软件和服务提供商，以工业互联软件完成全球价值链的纵向聚变。共享单车服务商自主设计专用自行车只是小试牛刀，多个互联网汽车出行平台对无人驾驶汽车研发和制造的兴趣和投入，则是服务向制造衍生的典型例子。无论是服务向制造延伸聚变，还是制造向服务延伸聚变，数据实时在线集聚都是必要组成部分。

全球价值链的横向聚变

以用户为起点的价值定义带来围绕用户价值的横向聚变，用户价值的聚合平台得以实现。对于已有标准价值定义的产品或服务，数字化过程中用户从终点变为起点，在标准价值定义的基础上，用户在线完成个性化价值定义。个性化价值定义平台中的用户参与，可以满足用户的多样化需求，如多种家用电器、服装、配饰、首饰、礼品等用户可以参与的聚合平台。聚合平台以用户为起点，围绕用户定义价值的实现来组织价值链活动，原材料、设计、制造、销售、交付等活动都可以通过平台协调完成。从全球价值链的地理维度来看，定义价值和需要交付的用户分散在全球各地，价值定义的数字平台集中度可以很高，产品生产成本和交付成本的平衡决定了原材料和成品生产的地理布局，全球价值链面临地理布局的调整。与地理布局调整相联系的是全球价值链组织和主体的相应调整，而且全球价值链治理中的数据实时在线成为可能，横向聚变平台拥有对全球价值链活动的实时跨层次管控能力。

横向聚变平台有四类强有力的候选者。第一类是原本拥有多元化产品和服务、具有规模经济和范围经济的领先企业，可以在此基础上增加用户个性化定制的价值经济，并让价值经济反哺规模经济和范围经济，形成良性循环，如一些家电业巨头、大型装备制造商等。第二类是大规模信息化终端制造商，以手机制造商为典型代表，以手机终端加物联网或者手机终端加在线内容服务、手机加多样化信息终端等多种形式，成为横向聚变平台，甚至以新兴电动汽车作为信息终端。第三类是一些众包在线设计和新兴个性化定制平台，随着设计师数量和水平的上升，平台上资源要素的集聚，用户消费习惯的培育，这些平台可以演变成横向聚变平台。第四类是一些超级APP，消费者使用习惯养成，超级APP一站解决用户多个痛点，成为强有力的聚变平台。

全球价值链的价值重构

全球价值链的价值重构体现为价值结构的变化，数字价值比例提升，无论是对已有价值链的嵌入，还是在新生的价值链中，都是如此。全球价值链的价值重构的影响率先在信息密集、数据资产重要和安全性要求高、信息不对称程度高的行业出现，然后波及所有产业。这种价值重构对全球价值链的影响是革命性的。对全球价值链的地理分布来说，数字鸿沟的影响会体现在全球价值链的分布中，原有的全球价值链在领先、追赶和落后的格局下，将叠加上数字价值的分布。这种影响不仅波及后发国家，工业革命以来形成的美、欧、日等价值链领先者的格局也将发生变化，欧洲一些国家推出的数字税政策，是这种价值链变局的自然反应。从全球价值链的主体维度来看，数字化领先的平台将有机会实现更大的范围经济和规模经济，全球价值链中新增的数字价值，拥有很高的专业技术含量，甚至有专业化、集中化的趋势。无论是实体经济拥抱数字经济，还是互联网企业助力实体经济，全球价值链的主体结构都将因此实现变革。全球领先的互联网公司将在全球价值链的价值重构中发挥重要作用。

全球价值链的开放畅联

从技术层面上看，不论是产品还是服务，数字化接口为各种价值链活动的链接提供了便利，全球价值链环节畅通。从交易的便利程度来看，全球价值链上的交易复杂程度下降、标准化程度提高，信息不对称显著弱化甚至消除，智能合约成为可能，参与主体之间的单次交易、多次交易或长期交易都能在数字平台上低成本（甚至零成本）、短时间、高质量完成。

从用户价值端来看，产品和服务的即时增值、柔性增值空间扩张，这基于数字产品和服务的可延展性、可编辑性、开放性、可转移性等，为数据实时在线并开放接口提供基础条件。手机等智能终端特别典型，APP的供应商可以短时间之内服务全球用户，这些用户会通过这些APP联通价值链，实现自己个性化的价值需求。鞋子、袜子、配饰等可以增加数字接口，接入全球用户的价值链之中，譬如医疗健康数据监测和处理等。

从供应商来看，不论是自然人个体还是新成立的小企业，可以通过多种平台参与全球价值链中。网红、独立作家、设计师、网约车司机、民宿拥有者等都是冰山一角。各类要素市场在全球价值链中实现动态实时连接成为可能，形成全球价值链的开放畅联局面。

我国企业的战略响应

面对全球价值链的纵向聚变、横向聚变、价值重构和开放畅联，我国企业不仅要从在全球价值链中升级这个层面来认识，还要提高到第六次产业和技术革命或者第二次机器革命这样范式变革的高度来应对，把握机会窗口，成为此次全球价值链变革的领先者。

抓住战略变革的机遇，布局全球价值链中的数字增值

我国企业要从战略层面来审视ABCD等技术和所在全球价值链的关系，积极探索数字增值的方向。企业在探索数字增值的过程中，要围绕用户价值的重新定义来推动甚至引导用户需求，让用户能够感知数字增值的

价值。用户价值扩展了，全球价值链才会有增值的空间。数字增值在降本增效中的作用，企业能够有直接的感知，但不能仅仅满足于此。全球价值链中的数字增值要让价值链中的参与者为用户价值做贡献的机会更多，这样的全球价值链将会更有机会变革为符合用户需求的全球开放生态系统。企业不只是自己参与的价值链环节的构架师，也要做全球产业链变革的构架师。

利用我国在线用户的优势，形成我国用户价值引领的全球价值链

我国拥有全球规模最大的互联网用户，达到9亿人之多。用户形成了在线习惯，生活和工作中的在线时间越来越长。数字创新驱动的全球价值链变革，用户在其中的作用是决定性的，用户在很多全球价值链中甚至成为起点。我国用户有可能成为全球用户价值的引领者，这样我国企业就能在满足我国用户需求的基础上，形成领先的全球价值链。我们不仅要继续发挥在满足我国用户需求的移动支付、在线交易、计算规模、高铁等多方面的价值链优势，还要在更多的全球价值链领域形成领先态势。

把握范式变迁的机会窗口，力争成为全球价值链的聚变平台

我国企业可以在进行全球价值链的数字增值的同时，从战略上进行全球价值链聚变平台的设计和实施。从全球价值链的聚变趋势来看，聚变平台在全球价值链中的治理地位、利益占比等方面都会处于有利地位。如果企业不能成为聚变平台，在全球价值链中的地位甚至可能下降，价值链升

级将更加难以实现。企业要根据全球用户价值的变化趋势，努力发展成为全球价值链中的纵向聚变或横向聚变平台，未来的十年或二十年，是重要的机会窗口期。

积极融入全球价值链的复杂开放生态系统

我国所有企业，不论规模大小，是否刚成立，都可以融入全球价值链的复杂开放生态系统。企业对用户的定义要从全球视角出发，要在全球价值链的层面考察。企业的产品和服务，一方面要有接入全球价值链的接口，另一方面就是要从用户价值扩展的角度审视给用户价值扩展预留的接口。全球价值链的复杂开放生态系统对企业提出挑战，但也要乐观地看到，数字创新提高了全球价值链的透明度，包括用户在内的参与者的数据呈爆炸性增长趋势，企业要以ABCD技术为基础，拥抱数字创新驱动的全球价值链变革。

基金项目：清华大学自主科研计划中国社会经济文化重大专项“智能制造时代我国制造业技术创新能力研究”（2015THZWSH07）。

《清华管理评论》2020年文章精选

如何免缴管理税？自组织的实践

张勉 | 文

自组织是面向未来的组织形式，是值得追求的目标。如果我们认可这个目标，理想和现实之间的差距，将变成推动组织变革的动力。从传统的层级制组织到自组织，需要有一个不断进化的过程。自组织最终的实现很可能需要以文化机制为基础，综合市场和/或结构机制的混合方式。

张勉，清华大学经济管理学院领导力与组织管理系副教授管理学家加里·哈默尔教授早在2011年就提出了“管理税”（Management Tax）的概念。管理税，指因为管理者的存在，而带给组织的额外支出，常见的例子包括：不必要的管理层级，以及冗余的管理人员；信息在层级中的上传下达，存在信息损耗；决策集中在上层做出，使得上层过载；上层做出的决策不及时，或者不接地气，无法操作；中间层成为上下层之间的“中介经纪人”，通过操控信息来使自己获益，却损害了组织利益。当组织承担了这些原本不必要的支出，就相当于缴纳了管理税。公司人员规模越大，这笔支出通常就越大。

加里·哈默尔教授在考察了方兴未艾的自组织企业实践后，提出了一个看似激进的观点：解雇所有的管理者。如果只是简单地看这句话，估计很多人无法赞同。人们会说：是的，我们知道依赖管理者有各种缺陷，但又有什么其他的选项，来实现组织协作呢？精于世故的管理者更会认为，所谓的管理税，并不值得大惊小怪，它只不过是组织协作体系得以运行必须付出的成本。干掉管理层？异想天开！

自组织，指组织采取正式和系统的分权方式，实现达成目标的内部协作体系。组织协作必须要依靠管理者吗？自组织给出的答案是：不。虽然自组织中没有管理者，但协作仍然存在，只不过是通过自我管理（Self-management），甚至自我治理（Self-governance）的方式来实现的。治理和管理的区别在于，治理强调规则和框架，管理强调操作和运行。自我治理通常表现为有权自己制订运行制度和流程，自我管理通常表现为有权自己决定工作的优先权，以及以何种方式实现目标。在自组织中，承担每个工作角色的员工既有充分的权力，也有充分的责任，即干得好是你的，干得坏，也没有上级给你兜底。

自组织有共同点，即不依赖管理者实现组织协作，但如何实现自我治理和自我管理，并不只有一种方式。笔者从2015年开始研究自组织，并在当年把相关内容引入清华经管学院的MBA和高管教育课堂。最初，主要介绍国外自组织企业的实践，尤其是自组织各种实现方式中的一种——合弄制（Holocarcy），让学生认识到，自组织并不是群众的自我狂欢，想怎么干就怎么干，而是有章法可循。笔者认为，虽然从现阶段来看自组织太理想化，但研究这种协作形式很有意义，尤其通过和现实状态的对比，能帮助组织发现如何改进目前的协作体系，少缴管理税。近两年，笔者发现听众不仅学进去了，而且不少人跃跃欲试，希望在自己所在的企业或团队实践。他们迫切地想进一步了解更多自组织的实践经验，尤其是中国企业实施自组织的实践经验。

下文的内容安排如下所述：首先，介绍授权和分权的关系；其次，介绍自组织三种常见的实现方式，重点介绍混合方式；再次，介绍两家国内企业推行自组织的实践和经验；最后，讨论如何向自组织迈进。

对传统权力结构的颠覆

自组织采用分权，颠覆了传统层级制组织中的权力结构。授权和分权是两个不同的概念，容易被混淆。放在一起对比，有助于深入理解它们的区别。授权的英文是“delegation”，指管理者根据下属的成熟度，有选择性地授予权力。越是能力强，越是被上级信任的下属，通常从上级那里得到的权力更大，不再需要向上级汇报，自己可以做出一些决策。授权本质上是一种权变的（contingent）领导艺术，授权由上级决定，授权效果的好坏，很大程度上取决于上级的领导水平。有人被现任上级认可，因此被授权，但一旦上级换了，原来的权力有可能马上就没有了。

分权的英文是decentralization，是制度化的权力转移，而不是权变的管理艺术。制度化的权力转移，指组织明确规定某个岗位或流程节点上的人、责任以及对应的权力。分权给人们带来的权力是其他人不能凭借个人判断和好恶拿走的。自组织中没有管理者，大量采用分权，而不是授权。由于权力结构发生了颠覆性的改变，因此，在传统层级制组织中经常使用的一些词语也有很大的变化：首先，“老板”“经理”“×总”等使用较少；其次，“员工”一词也很少使用，取而代之的是“同事”“伙伴”“合伙人”“同学”等，以体现地位上的平等。

不同的自组织企业在分权的程度方面不一样。有的企业分权非常彻底，如美国的维尔福（Valve）电子游戏软件公司；有的企业适度分权，但在战略和绩效管理方面，仍然采取集权方式，如美国的网络电商美捷步（Zappos）公司；有的企业分权程度中等，如世界上规模最大的番茄制品生产商美国晨星（Morningstar）公司。来自哈佛大学商学院的迈克尔·李（Michael Lee）和艾米·埃德蒙森（Amy Edmonson）教授曾经对这三家典型的自组织企业以及传统层级制组织的分权程度做了详细分析，如图1所示。

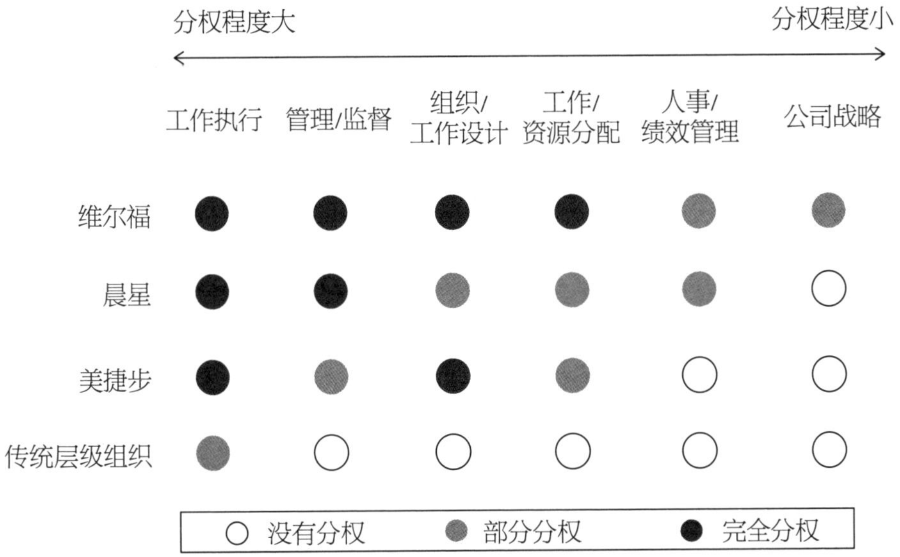

图1　不同企业的分权程度

自组织的三种实现机制

笔者把自组织实现的机制总结成三种，包括文化、市场和结构的机制。文化的机制，指企业通过软性的企业文化或团队氛围来实现自组织。采用这种机制的典型公司是美国的维尔福电子游戏软件公司，公司没有管理者，给予员工100%的工作自主权，工作内容需要员工自己确定。公司有很多项目组，员工自己决定加入哪些项目组，以及自己创建什么样的项目组。员工的工作表现不是上级来评价，而是由同事根据员工的技能水平、输出了多少有效的产出、对团队的贡献、对产品的贡献等四个方面来评价。不过，在这样的公司中，工作并不轻松，甚至压力比传统公司还要大。维尔福公司有强大的非正式淘汰机制，崇拜强者，不同情弱者。如果员工找不到愿意接受他们的项目组，或者发起的项目没有人参加，就要卷铺盖走人。由于过于依赖软性的文化，该公司的发展比较慢，目前员工人数也没有突破500人。另外，根据一些离职员工的反思，似乎目前该公司的文化有政治化的趋势，即出现了不同的利益群体。表面上看，大家都拥护公司的文化章程，但是由于语言可以被解读的空间很大，实际变成了不同的群体使用看似统一的语言，争取对自己有利的资源。当然，一个强势的、公正英明的领袖，往往是公司的创始人，能压制或减缓组织的政治化。维尔福公司的创始人加布·纽维尔能不能一直做到公正英明，目前来看，考验很大。

市场的机制，指企业用价格杠杆来解决协作问题。试图采用这种机制实现自组织的公司，国内有不少，如海尔公司平台+小微、“人单合一”的方式，以及韩都衣舍、永辉超市、海底捞等企业员工小组制的方式等。小组制的核心思路是以小组为单位核算收益成本，小组赚出来的收益，由小组成员通过商议的分配方式分红。小组自主权很大，有权自己决定用多少人，以及如何分工。如果小组效益不好，小组成员可以通过选举换掉小组长。这种方法重视对成员进行经济刺激，好处是短期内常常立竿见影，而且似乎适用于不同规模的公司。近几年，为小组制唱赞歌的报道有不少，不需要笔者锦上添花，笔者倒是想表达一下对于以经济刺激为主要动力的担心。经济刺激像是汽车的油门，一踩就灵，但前提是油箱里必须有足够多的油。怎么能有足够多的油呢？企业的业务方向和经营模式不能出现偏差，产品和服务需要持续产生收益，否则这种大脚轰油门的方式就失灵了，难以持久。而且，笔者观察到国内实施小组制的企业，往往不太需要小组之间的合作，因此，小组制似乎更适合简单的业务模式。如果需要小组之间有大量的合作，以小组为单元核算收益的制度，可能造成小组之间的恶性竞争。另外，组织存在的意义是协作起来办大事，如果过于市场化，带来的内部交易成本也会很大。如果单独核算收益，小组很难愿意为了整体牺牲自己的利益。

结构的机制，指用职责清晰、责权明确的方式来替代管理者。以笔者曾经研究过的合弄制为例，其主要通过两个途径完成替代。

第一，清晰的角色职责。合弄制组织中最小的结构单元是角色，职责范围比传统的岗位职责更窄，但同时，职责内容描述比传统的岗位职责更详细。每个人在组织中承担的不是一个岗位，而是多个角色。另外，角色有不断迭代修改的机制，以保证当下的角色描述是清晰的。由于角色职责的描述非常清楚，边界清晰，因此需要管理者协调的情况就会减少。任务来了，落在哪个角色的“地界”里，这个角色上的人就要承担起来，无须他人的指令。

第二，员工们组成协调小组，通过开会解决工作中出现的问题。会议通常解决两类问题。一类问题是与建立和调整规则，以及修改角色或团队职责有关，解决这类问题的会议被称为治理会议。特别值得一提的是，会议不需要所有成员达成共识。某位成员提出一项议案后，如果主持人根据有效性规则，认为其他人没有提出有效的反对意见，提出的议案就即刻成效。另一类问题和工作目标的协同有关，包括目标和任务的跟踪、校准、对齐等，解决这类问题的会议被称为战术会议。在该类会议上，所有成员需要分享自己的工作进展，响应其他成员对自己提出的要求，并对自己各项工作的优先权按需要做出相应调整。战术会议形式上和目前层级制组织中常见的工作会议，没有本质区别，无论是KPI或是OKR，都可以按照具体情况使用，只不过更强调清晰、公开、透明。采用这种结构化机制的自组织，规模可以做得比较大。目前采用过合弄制的自组织中，规模最大的是美国网络电商美捷步公司，员工人数在2000—3000人。不过，这种强调结构的机制也有缺点，就是有一套规则需要掌握，相对其他方式显得烦琐，学习成本比较高。合弄制在一家公司真正做到良好运行，估计需要较长（可能1—2年，甚至更久）的学习和适应时间。而且，就像大众学习一门乐器，自学合弄制有可能成才，但是很困难，通常情况下，需要专业的咨询顾问帮助。

美国晨星公司的自组织实践

笔者认为最有前景的自组织方式，不能过于单一，即不只依赖一种机制，而是以文化机制为基础，综合市场和/或结构机制的混合方式。这种混合方式之所以最有前景，是因为普遍意义更强，能够适用于不同类型的组织。特别是这种机制能让组织有更大的成长空间，从而有机会做到很大的规模。例如，美国采用混合自组织机制的戈尔公司（W. L. Gore & Associates），年收入曾达37亿美元，人数规模已突破 ·万人。以下以美国晨星公司为例，介绍这家公司混合式自组织的具体做法。

美国晨星公司由克瑞斯·鲁夫于1970年在美国加利福尼亚州创办。由于得天独厚的地理原因，加利福尼亚州是美国最大的番茄制造基地。目前，晨星公司的番茄制品产量约占整个加利福尼亚州产量的四分之一，占全美番茄酱和番茄丁市场配料市场份额的40%，年产值约3.5亿美元，公司有全职成员约800人，兼职人员3000—4000人。在晨星公司，所有人都互称为同事（Colleagues）。

晨星公司的文化根基来自创始人对两条基本原则的信仰和坚持：一是人们应该尊重对他人做出的承诺；二是人们不应该强迫他人，所有的互动都应该是自愿的。表1是晨星公司从两条基本原则发展出来的自组织文化体系，即同事协作原则。

表1　美国晨星公司的同事协作原则

总则
对晨星同事来说，应该成为自我管理的专业人员，与其他同事、客户、供应商和同行业的参与者一起进行沟通和协调活动，无须其他人的指令。让同事运用他们独特的才能找到快乐和激情，并将这些才能融入补充和加强彼此的工作中。同事们要为实现公司共同的使命承担个人责任。
1. 使命
我们的使命是提供番茄产品，以经济高效、对环境负责的方式始终如一地达到客户的期望。我们为食品加工商提供大包装产品，为食品服务和零售商提供带有客户品牌的制成品。

续表

2. 个人责任感和主动性
我们承诺在诚信、能力和个人责任方面致力于追求完美。团结能帮助个人成就更多，因此我们每个人都致力于追求团队合作，并认可每位同事追求幸福的个人目标。
3. 个人责任感和主动性
我们承诺，对我们以及其他同事的行为，以及公司的整体使命承担全部责任。我们自己对培训、时间投入、业绩、参与承担责任，为实现公司使命和履行同事协作原则做出贡献。我们承诺做好自我管理，承担与我们使命有关的计划、组织、人员配备、指挥和控制职能。我们自己主动与其他同事协调职责和活动，为改进和创新创造机会。在与同事协调过程中，我们承诺：①在发起任何形式的改变时，和可能会受到影响的其他同事沟通和协商；②在提出一项议案前，寻求我们认为具有相关经验的其他人的意见。
4. 宽容
个人在许多方面都有差异——价值观、品味、心情和实现目标的方法都可能不同，这些差异并不会直接影响我们的使命。我们承诺，尊重并容忍同事间的种种差异。
5. 直接沟通和达成协议
人与人之间的差异，在生活中自然而必要，尤其是在追求卓越方面。差异可能存在于方方面面：如何接听电话，在变速箱中使用哪种机油，购买何种设备来改善操作，是遵循我们的原则还是推进我们的使命，乃至一个人如何打理头发。为了达成协议并向前推进，我们承诺采用以下流程。
（1）当一位同事觉察到自己与另一位同事存在分歧时，应该尽快与其私下交流，并尝试解决分歧，以使双方满意。通常，双方不会与其他同事讨论此问题。但是，如果双方不愿意直接讨论分歧，那么应该找一位同事作为协调人，讨论解决该问题的替代方案。双方应该信任他们选择的协调人。
（2）如果两位同事中的任何一方觉得该问题没有得到圆满解决，则双方应尽快再换另一位同事作为协调人，并尝试在这位第三方同事的帮助下，解决任何分歧以使双方满意。
（3）如果两位同事中的任何一位仍然不满意，则他们应该与三到十位同事联系，让他们形成一个协调小组。选择这些同事的原则是：他们的工作会受到分歧的影响，或者在此类问题上具有相关经验。

续表

（4）如果问题的解决未令双方满意，则立即准备问题摘要，核实是否已经遵循了前几步［即（1）、（2）、（3）］的流程，以及决定是否将协调人或协调小组已经给出的建议解决方案，经由双方和本地CLOU同事签名后，转发给晨星公司总裁。总裁可以：①做出最终决定，并向双方提供决定的书面摘要；②与双方和协调小组举行会议；③指定一个人做出决策。
（5）为了解决分歧，应仔细考虑以下内容：①我们的使命和具体目标；②相关事实、假设和价值观；③确定正确方向的方法。除以上内容之外，鼓励在得到可能受影响的所有同事同意后，采取其他行动方案。但是，同事可以要求他们重启上述步骤。
（6）当某个行动方案已经确定后，每位同事都应该遵循该行动方案。假如有新的重大信息可用，并可能改变有关任何特定问题的所选行动方案，则应该提供这些信息提出来，以供考虑和做出新的决定。在新的行动方案确定之前，每位同事都应该遵循所选的行动方案，充满干劲地完成使命。
6. 关心与分享
我们越是关心自己、朋友、亲戚、其他同事、供应商、客户、环境、使命、原则、设施等，越有助于实现我们的个人目标。在关心他人方面，每位同事承诺：①与他人共享相关信息；②主动转发可能对他人活动有用的信息，即使他人没有要求；③以尊重的方式询问他人，也以尊重的方式及时回应其他同事的询问。
7. 做正确的事
做正确的事，生活、讲话、做事都追求真实。

资料来源：美国晨星公司主页，http://www.momingstarco.com/about-us/oolleague-principles.html（2020年2月12日访问该网址的结果）。

在以上协作原则中，第5条“直接沟通和达成协议”的内容最多，在实际运行中经常被用到，贯穿了招聘、解聘、创新、自主决策、绩效评价、动态预算、培训和学习等诸多方面。例如，在财务预算方面，晨星的同事可以自由支配公司资金，但绝非想怎么花就怎么花，相反，他们必须拿出依据，必要时计算出投资回报率和净现值，资金使用过程公开、透明，并为结果负责。同时，他们在决策前，需要征询受购买决策影响的同事，以及有相关经验的同事的意见。再以解聘为例，为了描述方便起见，笔者以第一人称来简述晨星公司解聘流程：假如某同事擅离职守，其他同事包括我多次口头劝诫没有效果。我（通常是在公司待了多年，非常认同公司文化的人）会主动发起，或者在其他同事的建议下，直接和该同事沟通，请其离开公司。该同事可能并不同意，那么我们就启动第五条的程序，直到结果产生。整个过程都是通过协商完成的，除非出现违反纪律条款的情况，否则没有任何人可以不遵循第五条的程序就强迫谁离开。

在美国晨星公司，每位同事每年需要和所有可能与自己产生工作协作关系的同事签订一个协作协议，英文简称CLOU（Colleague Letter of Understanding）。在这个协议中，同事之间承诺清楚，工作应该达到什么样的标准，各自决策的权限是什么。当然，协作协议不可能囊括所有实际运行过程中出现的情况。当出现例外事项或分歧时，双方遵循协作原则的第五条来寻求解决。这个协作协议很好地反映了结构化机制，非常重要，是晨星公司自组织实践的精髓之一。

表2列出了同事协作协议的模板。需要特别指出的是，签订这个协议并不意味着，不在这个协议里的职责，就可以不管。晨星公司倡导“责任环”（Rings of Responsibilities）的概念，责任就像是一圈套一圈的同心圆，每个人在岗位上的职责是核心责任，也是能为公司做出最大贡献的地方。但同时，每个人要为公司所有的事情操心。特别是遇到可能对公司造成损失的事情，任何人都有责任及时通知应该负责的同事，或者在来不及通知以及责任尚不清晰的情况下，临时承担起来，直到由承担该项责任的

同事接手。

表2　同事协作协议

姓名：

日期：

有协作关系的同事：

个人使命

1. 我为什么想在这里工作？
2. 对于我承担的角色来说，做到什么样算是优秀？
3. 为了支持本公司的使命，我如何做？

承诺的职责	计划	组织	控制	选择	协调	决策权	目标和指标

资料来源：Doug Kinkoatnick. No-limits enterprise. ForbesBooks。

除了同事协作协议，每个人应该学会对自己的工作进行自我管理。自我管理并没有什么统一的模板，需要决定采用自我管理的组织根据具体情况来制订。不过，根据自组织专家道格·柯克帕特里克的建议，自我管理的工作表是同事协作协议的重要补充，应该包括如下内容：①实现个人使命的工作原则；②目标和关键成果；③如何阶段性地衡量自己的工作效果；④何时何地开展工作；⑤干好工作需要的知识和技能；⑥干好工作所需要的资源。其实，格式并没有那么重要，把上述内容清晰地写出来，并在日常工作中坚持做，就是在实践自我管理。

自组织在中国的实践

自组织离我们远吗？其实不远，就在身边。据笔者所知，从2015年开始，国内已经有企业积极探索和实践自组织。例如，百度公司在某事业部开展了合弄制尝试，虽然这一尝试以失败告终，但却播下了自组织的种子。笔者认识两位前百度的组织发展（OD）经理，他们非常认同自组织的理念，通过创业把自组织的理念和实践向更多的企业推广。另外，从2017年开始，中国进化组织年会已经连续三年在上海举行，每年都有新的实践自组织的国内企业亮相。例如，海尔、游奇网络游戏、乌丫创意服饰、百姓网、青年志、Slashme等公司，都是自组织积极的实践者。以下介绍两个例子。

游奇网络

上海游奇网络有限公司成立于2009年，从2012年起，公司员工数量激增，伴随而来的却是组织整体行动的迟缓，不能及时应对瞬息万变的外部市场环境。同时，内部小帮派林立、官僚主义横行、创新能力欠缺、员工士气低落、团队协作性低，以及高层远离一线等问题都深深困扰着这家企业。为解决这些问题，游奇网络在2017年引入合弄制，用彻底的分权方式对组织架构进行变革。在咨询顾问的深度参与下，游奇网络完整地采用了美国原版的合弄制，没有做任何修改。目前，从公司的业绩指标上来看，合再制处于正常状态。从内部运营指标和员工感受来看，合弄制在游奇网络站住了脚。例如，组织转型四个月后的一次全员匿名测评结果显示，超过90%的员工对组织转型方向非常认可，并认为这样的方式可以有效激发员工潜力和公司价值，且极少有员工愿意回到传统层级制组织中。当然，合弄制在游奇网络公司的效果，还需要更长的时间来观察和判断。

笔者曾经从负责该项目的咨询顾问那里了解推广过程中遇到的挑战，印象最深的有两个。第一，学习成本较高，尤其是合弄制的治理会议，如果治理会议主持人（或协调员）经验不足的话，容易影响团队决策的质量。因此，咨询顾问在帮助乌丫创意服饰公司引入自组织的时候，就对美国版合弄制的方案做了修改，给圈长适当保留了一些传统管理者的职能，降低了学习成本。第二，成员的观念和意识需要转化。原版的合弄制过于强调硬性的流程和结构，不强调软性的文化。然而，在游奇网络的转型过程中，最难的恰恰是“软”的问题。当缺少类似晨星公司那样的协作原则时，成员要么不能很好地行使自己的权力，要么会“聪明”地利用规则达成个人的目的，或使决策符合自己的偏好。

百姓网

百姓网（Baixing.com）成立于2005年，是国内领先的分类信息生态服务商，致力于打造以分类信息业务为平台、多条垂直业务线布局的生态圈，为用户提供涵盖生活服务、招聘求职、房屋租售、二手车买卖、二手交易、教育培训、同城交友等本地生活解决方案。根据百姓网主页的信息，截至2016年9月，百姓网月活跃用户数过亿，月新增信息量超过千万条，覆盖全国367个城市。2015年，行业前两位公司58同城和赶集网的合并，带给百姓网巨大的压力，面对强劲的竞争对手，百姓网何去何从？尤其是随着公司的发展，既没有了以往的小而美，但又没有大而强，百姓网一度出现混乱局面。

在这样的背景下，百姓网启动自组织实践，并取得显著成效，突出表现为公司内部涌现出越来越多有担当的团队，传统业务逐渐被突破，新业务孕育而生。百姓网的自组织实践有三个突出的特点。第一，采用了“混合制”的方式。百姓网结合自己的实际情况，组织架构并没有完全采用合弄制，而是采用“传统层级组织+自组织”的方式。和个人发展、预算和审批有关的职能，仍然由传统的层级组织来实现；与日常协作、事业部和项目有关的职能，采用合弄制的圈子架构来实现。第二，在日常协作中，借鉴和吸收合弄制的精华做法。例如，通过讨论和分享，明确彼此对相互承担的角色有什么行为期待；鼓励互相主动提要求，通过提要求，积极行动起来；创造自我管理的工具卡，简明易用，可操作性强。第三，重视支撑自组织架构的文化建设。提出公司的五大核心价值观：以客户利益和公司利益为先、中正坦诚、勇于承担、敢提要求和解决问题，而且从提倡什么和反对什么两个方面，细化为更具有操作性的行动原则，并在日常工作中坚持执行。例如，就“勇于承担”这一价值观，公司提倡：当面对责任人不明确的真空地带，有人愿意主动跳出来承担额外的责任，推动问题解决；敢于设置有挑战性的目标，走出舒适区；愿意公开承认错误，反思总结，找到改进方法。公司反对：当问题出现时，第一时间考虑和自己划清界限；犯错误后拒绝承认错误，推脱责任；面对有挑战性的工作，推脱、抱怨、畏难。

百姓网总结了一些新的自组织推行经验，笔者重点介绍以下三个方面。第一，不追求彻底实施自组织，而是从自组织的做法中，吸收能解决自身实际问题的部分。用百姓网CEO罗颖的话说，从传统组织一下子变成自组织，是组织革命，而百姓网不需要革命，需要的是进化。百姓网的自组织是“混合制”，不仅组织架构上混合，其他优秀组织中好的方法，例如阿里公司的“修事、修人、修机制”，也一样在工作中使用。第二，逐步转变人的思想和观念。自组织强调使命驱动，鼓励个人建立自己的使命，和组织使命“同频共振”。实际上，即使道理讲了很多，个人使命对很多员工来说，仍然是比较陌生的。百姓网的做法是，让员工先写出自己最擅长干什么，以及最有动力干什么，并和同事分享。在此基础上，引导员工发掘自己的天赋和激情与公司使命之间的关系。第三，建立自我治理机制，并固化下来。相对于自我管理，自我治理涉及建立或改变规则和角色职责，影响面广，因此难度更大，容易变成一次性的行为。百姓网把自我治理的功能和季度的OKR会议结合在一起，保证至少每个季度做一次角色梳理，让自我治理的进化机制真正运行起来。

向自组织迈进

当今的乌卡（VUCA）时代，是个计划赶不上变化的时代，预测常常失效，控制也失去意义，导致传统的层级制组织遇到巨大的挑战。近些年，虽然中国的GDP还保持了6%~7%的增长，但根据不同咨询公司开展的中国企业员工敬业度调查来看，员工敬业度（Engagement）指标表现不是很理想，尤其是愿意为工作付出努力的指标不升反降，甚至一些调查结果反映出中国企业员工敬业度的排名在世界范围内靠后。不仅中国员工如此，美国员工的敬业度也不高，根据盖洛普公司2017年的调查，67%的美国员工处于不敬业的状态。德勤公司的咨询顾问（已退休）Josh Bersin使用美国连续多年非农业劳动力生产力（Labor Productivity）的数据，发现从2011年开始，劳动力生产力指标增长缓慢。很多迹象反映出，现有的组织协作体系已经落后于技术的发展，造成技术进步没有发挥出应有的威力。

我们正面临一次人和人之间协作关系的大变局。劳动者希望生活得更美好，希望自己的能力得到充分发挥。目前的组织协作体系做到了吗？没有，甚至有些情况下还很糟糕。我们需要思考哪些因素限制了劳动者的发挥，并行动起来，消除这些限制因素，使劳动者拥有改善工作条件、发挥能力的自由空间，从而解放和发展生产力。

如何改革现有的协作关系？笔者认为需要抓住三个发展趋势：第一，建立使命驱动的企业文化，用信任取代强制，用分享取代封闭；第二，建立人与人之间新型的协作关系，以合作取代雇佣，以共赢取代自利；第三，改革传统层级制组织中的权力结构，以分权取代集权，以自主取代控制。自组织符合这三个发展趋势，非常值得关注。但是，请牢记，实现自组织的道路，并不只有一条。本文介绍的一些自组织的实践经验，可能对读者有所启发，但更为重要的意义在于，为超越这些经验提供基础。

自组织是面向未来的组织形式，是值得追求的目标。如果我们认可这个目标，理想和现实之间的差距，将变成推动组织变革的动力。从传统的层级制组织到自组织，需要有一个不断进化的过程，具体实施起来，需要分步走。在笔者设想中，这个过程大概分成三个阶段。第一阶段，保持传统的权力结构基本不变，通过明确权责关系，提高授权程度，消除不必要的管理层级，减少管理税。第二阶段，改变传统的权力结构，通过赋能（Empower）组织成员，提高分权程度，打造敏捷、灵活、适应力强的组织，进一步减少管理税。目前，在很多关于赋能的文章和报道中，赋能仅被解释成“使对方有能力”的意思。笔者要强调，赋能不仅是让协作者有能力，更重要的是，让有能力的协作者有权力。第三阶段，颠覆传统的权力结构，通过彻底的分权，以文化机制为基础，综合市场和结构机制的混合机制，实现自组织，免缴管理税。

未来已来，你所在的组织还在缴纳管理税吗？

为什么不选择更好的方式，让我们能创造这样的组织：

在那里，每个人对于影响自己的事务都有发言权。

在那里，人们可以既自由又自律地发展，做工作的主人，在每一个地点、每一个时点都有机会迸发领导力和创造力。

在那里，组织敏捷、灵活，富有适应力。

在那里，人们用简洁的原则应对复杂的现实。

让我们在那里相会！

《清华管理评论》2020年文章精选

共情领导力——数字化时代智能组织管理的新挑战

郑晓明 刘琛琳 |文

数字化时代对共情的需求和呼吁比以往任何时候都强烈，共情领导力由觉知力、沟通力、包容力、信念力、学习力这五种力量构成。共情领导力对管理者在把握企业内、外部的人性，洞悉人的情绪和情感需求，打造以人为核心的组织生态圈等能力方面，提出了诸多挑战。

郑晓明，清华大学经济管理学院领导力与组织管理系长聘教授
刘琛琳，清华大学经济管理学院领导力与组织管理系博士后

当今VUCA（易变性、不确定性、复杂性以及模糊性）时代，很多组织都面临一个问题：如何在充满竞争、动荡的环境中生存和发展？正如《易·系辞上传》说："生生之谓易。" 当今世界唯一不变的就是变！"易"就是天地万物生生不息的变化，组织形态也处于不断变化与进化中。

回望历史，人类发展进程中的每次工业革命都推动了组织形态的进化，也都对组织管理的领导模式提出了新的挑战。

第一次工业革命，随着珍妮纺纱机和瓦特蒸汽机的出现，组织形态由手工作坊变为"工厂"。领导者主要凭借个人经验和师徒制等方式进行管理。

第二次工业革命，随着发电机和灯泡的发明，人类进入电气时代，组织形态进化至以科层制为特点的"公司"。领导者主要以规章制度、领导—下属利益交换等方式进行管理。

第三次工业革命，随着原子能和电子计算机等多领域取得突破性发展，组织形态进化为真正意义的"企业"。领导者主要以权变式领导、教练式领导等方式进行组织和管理，致力于灵活运用不同的管理措施。

第四次工业革命，伴随互联网的迅猛发展，组织形态进化为"平台型组织"。领导者通过对员工进行授权和赋能，从而提高组织效率。

目前，人类社会进入第四次后工业革命时代。随着大数据、人工智能、区块链、物联网、5G网络等技术的全面突破，人类进入"万物互联"的数字化时代。组织形态也进化到最新兴的发展阶段，即"智能组织"阶段，它以"自组织"的方式进行运行和管理，从而更高效和敏捷地应对外界变化。

与前四次工业革命中组织形态不同的是：前四次的组织形态均基于组织内部，以提升组织效率为主要目标；而智能组织打破组织边界，开始扩展到组织外部甚至周边所有利益相关者，且以人和组织协同发展为主要目标。这种组织无边界化强调的是自组织敏捷管理，即，在不存在组织外部特定干预和组织内部统一控制的条件下，通过数字化技术，使得每个人都有主导自己以及追随他人的自主性和自我空间。

管理是“知行合一”的科学，如果说当今数字化时代下不确定性的环境是“知”，那么智能化自组织管理方式作为“行”正在成为诸多企业的新现实。不论是海尔的“三化”（组织平台化、用户个性化、员工创客化），华为的“铁三角”、韩都衣舍的“产品小组”、阿里巴巴的“健康码团队”，都是企业对自组织管理模式“行”的探索。

智能组织需要共情领导力

数字化时代的智能组织形态，主要以自组织的形式进行管理。自组织强调以人为核心，顺应人性实现自驱动和自演化，注重人与人之间的连接。《论语·学而》说到，“不患人之不己知，患不知人也。”人们是要通过共情来了解彼此。这就要求领导者通过对人性的把握以及对情绪情感的理解和共鸣，将人与人连接起来，从而实现人和组织的协同共进。这就要求领导者具有共情领导力。

共情领导力在数字化时代扮演着重要角色。2014年2月，纳德拉出任微软CEO，接手了当时被外界称为“没落帝国”的微软公司。几年来，纳德拉凭借其出色的共情领导力，帮助微软扭转局面，带领微软重回巅峰。纳德拉表示，“正是同理心成就了今天的我。如果没有办法做到共情和同理心，微软就没有未来”。纳德拉的共情领导力赋予微软协同发展的生命力。

《道德经》第二十二章有言：“夫唯不争，故天下莫能与之争。”这句话对于企业管理的意义在于，企业的关注对象不应该是自己的竞争对手，而应该是“自己”——自己的员工和用户。“得人心者得天下”，因此数字化时代下的企业领导者不仅需要与员工共情，还需要与客户共情、与社会共情。

2020年，阿里巴巴在新冠肺炎疫情中的表现，充分体现了这种数字时代自组织管理的共情领导力。阿里巴巴的杭州健康码，是阿里巴巴基于各级政府、阿里团队，以及社会上的企业和居民共同组成的自组织，开发出的一个产品。该产品从政府提出需求，到正式投入使用仅仅花费了四个小时，效率远远超出传统组织形态。这背后的原因，一方面得益于数字化时代的研发能力和创新能力，更重要的一方面在于该团队对用户进行高频的、广度的、深度的需求洞察。这种需求的洞察正是基于与用户共情所产生的。

近年来，越来越多的学者探讨共情在现代组织管理和领导力的重要性。学者Young等人通过实验研究，证实当领导给下属一些负面反馈时，如果下属感受到领导表现出的共情性关心（Empathic Concern），那么负面反馈对下属的消极影响就会减弱。该实验同时证实了领导者共情对领导者自身晋升也能产生积极的影响。

此外，学者Kock等人也在一项实证研究中，证实了共情领导力会正向影响下属的工作满意度和创新表现。

共情领导力究竟是什么

共情领导力的概念是以“共情”为基础而提出的。因此，只有深刻理解共情的内涵，才能准确理解共情领导力的含义。

著名动物学家弗朗斯·德瓦尔在其著作《共情时代》中提出，共情是专属于人类的演化分支。人之所以为人，是因为在演化过程中学会了换位思考，学会了为别人着想，从个体变成了群体。

共情（Empathy）也称同理心，是理解他人信念、意图及情绪和情感并感同身受的能力。具体而言，共情包含认知共情和情感共情。

认知共情，是对他人情绪的识别和分析，从而理解他人思维和感受，是一种能站在他人角度思考和看待问题的能力。情感共情，是对他人的情绪状态感同身受，并做出情感反应的能力。

由此可见，共情是个体与他人建立连接的基础，也是人际能力中最为核心的成分。某种程度上说，共情促进了人和人连接的建立。领导力作为一种人际影响力，是在与他人互动的过程中形成的。因此，领导力的人际特征强调个体对他人或集体需求的敏感性以及与他人关系的建立，强调集体中的情感连接和合作共事，以达成共同的目标。

基于此，在数字化时代自组织管理背景下，需要领导者基于共情而充分发挥领导职能，实现组织的协同发展。

结合数字化时代自组织管理所具有的以人为核心的特征，笔者对共情领导力做出如下界定：共情领导力，作为数字化时代自组织管理背景下关键的领导素质，是个体基于对他人处境的觉知、情绪的理解和情感的共鸣，通过有效的情感沟通，将组织中的人与人紧密连接，形成“同呼吸、共命运、心连心”的情感和利益共同体，从而实现人和组织协同共进发展的过程。

我们需要从以下三点深刻理解共情领导力的内涵。

第一，共情领导力区别于领导者的共情能力。领导者的共情能力与共情领导力存在诸多不同。一方面，共情领导力比领导者的共情能力内涵更丰富。领导者的共情能力是领导者诸多胜任力素质中的一种，即对他人情绪情感的理解和感受的能力。但共情领导力是从把握人性出发，以共情能力为基础把组织连接成情感共同体，实现人和组织协同发展的综合素质，同时包括领导者基于此目标开展的一系列领导行为和策略。另一方面，两者的适用对象不同。领导者的共情能力仅适用于已经具有领导者正式职位的个体，而共情领导力不再只属于领导者，而是人人都可以拥有的能力素质。在数字化时代自组织管理背景下，共情领导力的这一特点尤为明显。

第二，共情领导力比其他领导力更适用于现代组织形态。从第一次工业革命到第四次后工业革命时代，为适应组织发展，领导力理论在不断地发展与蜕变。20世纪70年代后期出现新兴领导理论，如领导—成员交换关系（Leader - Member Exchange，LMX）、交易型领导（Transactional Leadership）等，虽然关注了领导力中的关系因素，但更多强调领导与下属之间的利益交换关系，而缺少对人与人之间情感的互动和连接的关注；21世纪以来出现的分布式领导力、共享型领导等理论，更多着眼于打破传统的组织层级，提升组织效率，对组织中的“人”的因素关注依然不够，并且不能反映出情感共同体的组织特点。在新兴的领导力理论中，即便有理论关注到人的重要性（如服务型领导），但对组织与员工协同发展的强调不够。而共情领导力所强调的是，关注人并建立情感共同体，实现组织和员工协同发展。这一理念更符合数字化时代自组织管理的倡导和需求。

第三，共情领导力是一个逐渐涌现的过程。学者Day等人在2009年提出，领导力发展是一个逐渐涌现的过程。领导力的涌现，是指一个人表现出领导力，被他人察觉出来，并成为领导者的过程。领导力涌现针对的是团队中的任何人，每个人都可以在团队中施展自己的领导力，并被他人所感知。共情领导力亦符合领导力涌现的过程，即个体出于共情（认知和情感），涌现出领导力，被他人察觉和发现，并被认可为共情领导者的过程。

共情领导力究竟包括哪几种内涵呢？笔者通过对以往文献的梳理及案例分析整理出共情领导力的“五力模型”（见图1）。作为一个共情领导者，首先需要对自身和外部世界进行良好的“觉知”，体察和感受他人的情绪；然后通过“沟通”与他人建立连接；接着通过“包容”，用其所长纳其所短；再通过“信念”与大家使命共行；最后通过“学习”，促进企业在数字化时代的不断迭代与发展。

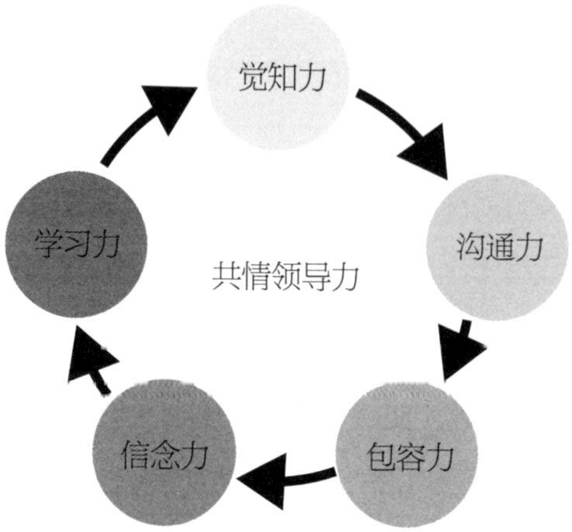

图1　共情领导力“五力模型”

共情领导力的“五力模型”的内涵阐述如下。

觉知力。觉知力是对自身和他人情绪和情感变化保持高度敏锐的一种能力。哈佛大学医学院知名教授亚瑟·乔拉米卡利在其《共情的力量》一书中说到，“共情能提高我们对周围世界的觉知力，让我们知道如何全然又全心地生活。”老子云：“知人者智，自知者明。”觉知力首先表现为清晰的自我意识、自我认知，保持一颗正念心，其次要能够准确感知他人的情绪，对他人的情感产生共鸣。

沟通力。基于觉知力，在感受到自身和周围的世界后，共情领导者还要掌握沟通力。沟通力指的是共情式沟通，即用心倾听，表达感受，建立情感连接。学者费舍（Fisher）在1981年提出，沟通对于组织起到至关重要的作用。共情式沟通的本质不在于信息的发送者，而在于信息的接收者，信息的接收者要时刻注意对方的想法。特别是在当今数字化时代，环境的不确定性是常态，共生共享是企业发展的主题，因此领导者的沟通力格外重要。沟通最大的作用就是激励。例如，在新冠肺炎疫情背景下，大唐商旅的CEO黄亮时刻关注员工的想法，深刻体会到这次疫情给员工带来的不确定感，基于对员工的共情，用一封激励人心的信告知员工他的想法，通过沟通展现出其卓越的共情领导力。

包容力。在有效的共情式沟通后，共情领导者还需要理解和包容一切。包容力指的是接纳对彼此的需要，深度理解人性的能力。心理学家莎拉·霍奇（Sara Hodges）和丹尼尔·韦格纳（Daniel Wegner）把共情的过程比作登山，“登山和共情都是很艰难、需要很努力的任务。我们想要成功登顶，既需要有足够多的扶手和路标来指引，还有赖于我们为坚持攀爬而付出的努力。”共情的 “扶手和路标”指的就是包容力。例如，微软纳德拉在Salesforce会场中拿出了iPhone Pro，他笑着说道：“我将首先在这部iPhone上进行演示，这不是我的手机，仅是一部iPhone而已。事实上，这还是一部比较特别的iPhone，我更愿意将其称为‘iPhone Pro’，因为它安装了微软所有的软件和应用。”正是这种兼容并包的能力，将他的共情领导力发挥到了极致。

信念力。具有包容力后，领导者要善用共情，能对自己和他人树立起坚定的信念。信念力指的是领导者坚韧不拔、使命必达的毅力。宋代苏轼在《晁错论》中曾言：“古之立大事者，不唯有超世之才，亦必有坚韧不拔之志。” 吉姆·柯林斯（Jim Collins）提出第五级领导力，认为第五级领导者具有谦虚坚韧的意志力。正如木屋烧烤的创始人隋政军带着信念，从保安做到餐饮集团创始人。在新冠肺炎疫情中，餐饮业受到重创，隋政军把“长期奋斗主义”作为坚持的信念，借助数字化时代的转型，通过发力线上的消费模式和场景，获得了10倍之上的销售增长。由此可见，正是强大信念力的支撑，使得隋政军的共情领导力得以发挥。

学习力。最后，共情领导者还需要具有学习力。学习力指的是，要建立成长型的思维模式，通过建构感知，不断迭代、发展。卡罗尔·德伟克（Carol S. Dweck）教授在其《终身学习》一书中指出，要拥抱成长型思维，建立学习型组织，终身学习，终身成长。特锐德电气的创始人于德翔是一个极其注重学习力的领导者，他提出“生态党建”的理念，建立特锐德大学，给予员工学习和成长的平台。“建构感知”（Sensemaking）是世界知名的组织行为学家卡尔·维克（Karl Weick）最重要的管理思想，指的是管理者帮助企业员工解读他们目前所处情境、过去的经验及未来可能面临的情境，帮助员工建立对周围环境的理解。当新冠肺炎疫情流行时，于德翔在这一特殊时期发布《应对疫情的“新开工模式”实战手册》，面向公司全体员工发出动员令，向大家分析当前的严峻形势，帮助员工理解目前的处境，倡议大家居家并坚决做好疫情防控，正式开启在线工作模式。基于对员工的共情理解，于德翔创建的这种“新开工模式”可以帮助员工学习，进入到开工模式，保持活力，不仅保证了企业的发展，也有效保证了员工的积极状态，这正是共情领导力的体现。

觉知力、沟通力、包容力、信念力和学习力这五种力量并不是独立发挥作用的，而是形成一个闭环，环环相扣，缺一不可。这五种力量不断深化，每一次循环过程都是共情领导者的一次迭代，这些都会为共情领导力的涌现提供基础。

共情领导力如何涌现

2020年年初，在新冠肺炎疫情的风暴中心武汉，一名35岁的快递小哥汪勇走进大家的视野。在国内疫情形势最严峻的时刻，汪勇基于对医护人员的共情，自发自愿地做了很多事情，比如从保障医护人员日常出行，到为金银潭医院解决用餐问题，再到为医护人员修眼镜、买拖鞋等。这些行为使得汪勇从一名普通的快递小哥成为一名“组局领导者”。媒体称赞他是抗疫时期的“最美志愿者”。2020年2月26日，国家邮政局印发通知，决定授予汪勇同志“最美快递员”特别奖，并号召全行业向汪勇学习。

那么，汪勇的共情领导力是如何发展的呢？笔者对“最美志愿者”汪勇进行了长达3小时的深度访谈，形成22720字的访谈文稿。通过发掘分析访谈内容，我们可以看出汪勇的共情领导力是如何涌现的。

2020年1月23日，武汉因新冠肺炎疫情封城。汪勇在访谈中谈到，当时除了看新闻外，对外界情况一无所知。他通过微信扫码加入由一个武汉小姑娘发起的东西湖区医护人员车辆需求群，由此了解医护人员的现状。1月24日晚，群里有一位金银潭的护士不停地发需求："有没有顺风车送我们回家？"却一直无人应答。汪勇看到用车时间是早晨6点，他分析这是一位下夜班并急切渴望回家的护士，但打不到车。汪勇想到自己有车可以去接她，于是，决定去接这名护士，为困难中的医护人员做点事情。汪勇在大年初一早晨6点准时到达医院门口接上这名护士。汪勇自述当时的情景："这个人上车的一瞬间，我最大的感受就是怕。她说完'师傅好，谢谢你'，随即往后座上一靠，眼神中透露出的绝望，让我觉得疫情事态的严重性已经远超出我的想象。"因此，他做出了继续接送医护人员的决定。

医护人员用车需求这一外部事件，不但使汪勇了解到事态的严重性，也促使汪勇与医护人员进行互动和交流。他从医护人员的眼神中解读到了绝望并感同身受。根据社会信息加工过程理论，个体注意到他人求助的痛苦表情，对他人求助线索的编码（Encoding）和体验就是共情。医护人员用车需求及后续一系列外部事件激发了汪勇的共情反应——以一颗善良的心，设身处地为他人着想，站在他人角度思考问题。

接下来的日子，汪勇慢慢意识到接送医护人员上下班这个问题靠他一个人是解决不了的。基于这种认知上的共情，他决定组建医护人员接送车队。后来，他又发现医护人员的餐食无法得到保障，就希望能帮助他们解决用餐的问题，并能保证他们每餐都有白米饭和二两肉。

汪勇的情感共情，在这个医护人员接送车队的自组织管理的细节处体现得淋漓尽致。他考虑到医护人员吃不到肉，吃不到白米饭，担心他们工作时体力不支。共情—利他假说（Empathy-altruism Hypothesis）认为，当他人处于困境时，旁观者会产生一种指向受助对象的共情反应。这种反应强度越大，个体想解除他人困境的亲社会行为就越强。汪勇因为共情反应（认知共情和情感共情），帮助他人的亲社会行为就体现了出来。

汪勇通过自发“组局”，形成一个自组织，急前线医护人员之所急，先后提供了一系列服务：通过组织志愿者车队、与网约车和共享单车企业协调用车等方式，解决医护人员的交通问题；通过自行募集资金购餐、搭建应急餐食的免费配送网络等方式，解决7800名医护人员的用餐问题；搭建爱心捐赠通道，组织募捐和配送紧急医疗物资，满足医护人员对基本生活用品的需求等。

汪勇提到，“我没有任何资源，但一呼百应”“他们认为我是组织者，所以，有什么情况都会找我。”此时，别人愿意追随他并认可他为领导者。汪勇的共情领导力在这个自组织中充分涌现出来，后来其事迹被报道，其职位被顺丰公司提升三级，担任武汉市石桥区分公司经理一职。

通过分析该案例，结合社会信息加工理论和领导过程理论，笔者总结出共情领导力的涌现过程（外部事件刺激→共情反应→亲社会行为→共情领导力涌现），具体如图2所示。

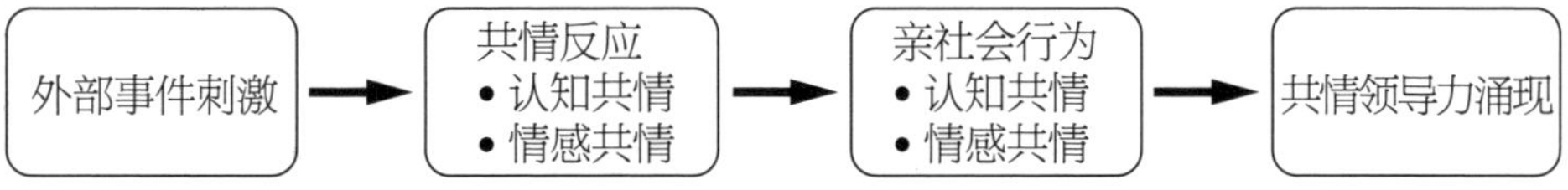

图2　共情领导力的涌现过程示意图

共情领导力对当前企业管理的启示

基于对共情领导力含义及其涌现过程的了解，结合第四次后工业革命的时代背景，企业管理者应该如何利用好共情领导力来进行企业管理呢？笔者提出如下三方面的启示。

第一，加快组织形态转型升级，构建敏捷高效的自组织团队，为共情领导力提供土壤。

当前企业面临的外部环境愈发混沌模糊，也愈加变幻莫测。如何在如此不确定的形势下进行敏锐判断、高效决策和有效管理，成为企业生存发展面临的重要问题。自组织管理为企业解决这一难题提供了新的途径和突破口。以本文中的快递小哥——汪勇的事迹为例，在新冠肺炎疫情流行的危急关头，汪勇自发“组局”搭建自组织，在极短的时间内满足了大量医护人员的交通、饮食等多方面的需求，自组织展现出的对外部需求的敏锐度和感知力，内部沟通协调的效率，以及组织成员热情和动力的激发程度，都远远超越了传统企业。我们可以想象，如果当时汪勇依靠传统组织的既定秩序和规则，通过申报、决策、审批等流程，则很难应对当时的危机，更难满足当时的复杂需求。因此，当下的企业管理实践可以借鉴这种自组织敏捷管理的模式，尤其是当企业内部需要解决一个复杂且紧急的问题时，如急需开发一个新产品，可以以自组织的方式进行管理，强调组织内部的共创、共治、共享。这样不但能提高组织运营效率，也能增强企业的活力与适应性，最大程度发挥员工潜能和团队合力。

第二，培养领导者和员工的共情领导力，构建企业员工情感共同体。

从共情领导力的定义可以看出，它不仅仅属于领导者，而是每个人都可以拥有的一种素质。自组织的环境强调共治和自驱动，这就为每一位成员（不只是企业领导者）提供了发挥共情领导力的机会。企业管理者一方面要创造和搭建自组织的团队，更重要的是要鼓励每一位员工都积极发挥自身的共情能力，相互理解彼此的情绪情感，积极展现出自身的共情领导力，形成一个“同呼吸、共命运、心连心”的情感共同体。只有组织内部足够凝聚、团结、包容、共进，才能更有能力应对外部商业环境的变化。企业管理者可以以身作则，关注和理解员工的情绪情感变化，将这一理念渗透至自身的管理行为中，同时在团队中鼓励员工的共情行为，将一些涌现出共情领导力的成员作为标杆和典型，营造共情的团队氛围，帮助团队和组织成员提升共情领导力。此外，企业管理者要相信情绪和情感散发和传播的强大力量。汪勇组建的“自组织”之所以能如此高效运行和管理，正如他所说，“我做这个事情的出发点是好的，我在做善良的事，这能很快激发起人们共同的情感，这种温暖和能量能很快感染到其他人，他们自然也会响应号召，积极加入并使出全力去做这个事情。”这种情绪情感的感染和传播原理，同样适用于企业管理的情景。

第三，拓宽共情领导力的发挥和应用范围，打造以人为核心的组织生态圈。

当今数字化时代，企业早已不是一个封闭的循环系统，而是一个处于多节点彼此相连的生态圈。共情领导力不仅适用于企业内部，也可以拓展到企业外部。微软公司纳德拉凭借其出色的共情领导力，帮助微软扭转局面，其中成功的因素不只体现在他在微软内部通过共情领导力打造高效团队，他在组织外部也通过共情领导力洞悉客户和用户的需求。

在新的时代背景下，随着中国消费的转型升级，中国企业正在面临消费者主权崛起的挑战和考验。企业需要从原有的以产品为中心向以消费者为中心转型，这要求企业建立用户思维，千方百计和用户“共情”。因此，企业管理者需要把握人性，洞悉人的情绪和情感需求，将共情领导力运用于企业内部和外部，从而打造以人为核心的组织生态圈。

结语

数字化时代的智能组织管理具有以人为核心，自驱动、自组织、自演化的特性。这意味着，我们在组织管理工作中要对人性有更深层的把握，对人的情绪、情感给予更充分的关注，以共情领导力为桥梁将人与人连接起来，从而实现人和组织的协同发展。

组织韧性的机制与过程

马浩 ｜文

组织韧性的构建和功用，最终体现在积极开放的心态，对外部情势与内部动态进行的审慎精准的监控与预判，对理性和常识的尊崇，基于智慧和专长的即兴发挥，不同应对措施的创造性组合，既发挥自己特长而又兼收并蓄、善于合作，以及组织常态的迅捷恢复与组织能力的整体提升。

马浩，北京大学国家发展研究院发树管理学教授，BiMBA商学院学术主任面对灾难、危机、动荡、熔断等高度不确定和不可控的生存逆境，有些企业反应僵硬，动作变形，要么轰然坍塌，要么元气殆尽；有些企业则张弛有度，应对从容，基本完好无损，甚或实力劲增。大部分企业则是随波逐流，摇摆不定，在惊恐中试错，在从众中折腾。到底什么因素影响和决定不同企业命途之异同？可能是企业的实力和应对，可能是逆境的情势和类型。企业的应对之道与情境有幸匹配，就有可能逢凶化吉，绝地重生。若企业完全无法适应情境，便只能感慨时运不济，造化无情。

从概率上看，运气之外，至少有一种特定的组织意识和能力可以帮助企业应对逆境。这种意识和能力通常被称为“组织韧性”（Organizational Resilience）：基于组织自身的运营实力和日常准备，通过灵活敏捷和强劲果敢的应对过程，去规避、抵制、化解和吸收逆境事件所带来的冲击，并且在逆境之后迅速有效地恢复组织常态，甚或提升自身对未来类似事件的应对能力。组织韧性，是一种主动自发而警觉审慎的生存意识，也是一种对外部环境积极应对和调整的组织能力和运作过程，通常体现在逆境事件之后的快速复原和继续前行的结果和状态之中。为了避免重复定义和循环论证之嫌，本文的界定和考察将聚焦于组织韧性的运作机制和动态过程，并阐释其相关的战略含义和管理启发。

需要强调的是，组织韧性是一种组织常态，贯穿一个组织日常运营之中。对一般组织而言，只有在各类突发的逆境事件之中，组织韧性的功用才会凸显，能够帮助组织比对手更好地渡过难关。而有些组织，则需要长期生存于逆境中，如医院急诊室、救火团队、防暴警察等。对这些组织而言，逆境生存乃是常态，组织韧性自然亦是其日常生存和正常运作之必需。这也就意味着此类组织遇到的危机事件更加严重，通常关乎生死，遇到危机事件的频率高，组织恢复常态需要的周期更短，挑战更加严峻，对组织成员的职业技能、心理素质和专业协作有着更加严苛的要求。

如果进一步拓展的话，本文对组织韧性的定义既包括常规组织遭遇重大突发性逆境事件之后迅速恢复常态的能力，也包括长期在逆境中生存时能够相对从容有效地应对和调整的能力。因此，本文的分析框架强调组织韧性的常态及其在日常运营中的连续性和反复迭代的特性。当然，为分析方便简明，笔者选用单个特定逆境事件为分析单元来阐述组织韧性的作用过程。对于一个具体的突发性逆境事件的应对，可以从事前、事中和事后三个阶段分别考察。

显然，一个组织的运营既有实际的行动系统本身，也有在行动过程中体现的认知与思考和学习与提高。前者专注应对和解决实际问题，后者在于审视解决问题的方法之优劣高下以及改进的空间和可能性。本文构建一个双环框架，同时从行动与应对链条和认知与学习链条两个方面来勾勒组织韧性的前序成因、要素构成、运作机制与效果功用，强调的是行动（ACT）的质量以及与行动相关的有效学习与改进（见表1）。

表1 组织韧性分析框架（ACT）：行动应对与认知学习

行动与应对链条		
保持实力和构建预警	外部防御与内部着力	恢复常态与能力提升
监控环境、预期预判 Anticipating	规避与隔离 Avoiding & Isolating	轻伤或无损 All Right
储存实力、构建防火墙 Cushioning	抵制与反击 Contending & Countering	恢复和重构 Coming Back & Renewal
启动预警方案、提前应对 Triggering	化解与吸收 Tearing and Absorbing	增强与提高 Toning-up
逆境来临之前的意识与准备	逆境中的应对机制与过程	逆境过后的结果与状态
积极开放的思路和心态 Active & Open Mind	感知前所未闻未见的挑战 Awareness of New Cues	吸收和固化新获经验 Assimilation of Lessons
审慎的趋势监控与捕捉 Caution	尊崇常识 Conforming to Common Sense	确认核心可靠的组织实力 Confirming Competence
及时准确的判断 Timely & Accurate Call	即兴发挥与临机组合 Throwing Together	传播和传授组织韧性意识 Training for Future
积极意识与开放心态	事中学习与即兴创新	记忆重构与流程再造
认知与学习链条		

逆境来临之前的意识与准备

未雨绸缪，防患未然。具体的危机和灾难，抑或机会与利好，我们通常无法准确预测。但提前谋划和准备，至少会在某种程度上增加我们在预判和应对实际事件时的机敏与从容。一个企业的组织韧性，从逆境来临之前的常态来看，首先来自企业自身的警觉和应对能力的积攒与夯实。从企业的行动与应对链条来看，企业的组织韧性体现在三种具体能力上。

第一，对于突发性逆境事件的监控、捕捉以及相对强于竞争对手的预判能力。对环境的常规性和系统性的监控与检测，可以帮助企业及时发现系统性和独特性的机会与威胁。任何与常态或常识不同的趋势或变化，可能昭示千载难逢的机遇或可怕的灾难，也可能是不痛不痒的一时环境噪声。如何正确理解和把握这些外在变化，并预判其未来的走势，乃是企业组织韧性的前端必须。预警预判比较精准的企业在逆境到来之前就已经开始逐步应对逆境。逆境到来之后，反倒不需要大张旗鼓。

第二，增强实力，构建防火墙。应对危机的最为基本的也是最为可靠的物质基础就是皮糙肉厚，实力超强。俗话说，瘦死的骆驼比马大。不死的骆驼自然比马更有耐力，能够更好地抵御生存逆境。微软、苹果和谷歌等企业账上趴着的上千亿美元现金，既是效率上的某种浪费，也是组织韧性的必然代价。微软若干年前就声称，他们离破产总有18个月。也就是说，如果他们战略决策完全错误，账上的现金至少能够保证他们坚持存活18个月。这段时间内，他们有足够的机会调整和改进，从而保证生存与提升。这与动辄高杠杆孤注一掷、铤而走险的企业形成鲜明对比。

企业不仅应该在呼风唤雨的高光时刻踌躇满志，也应该在长期发展中注定遇到沟壑坎坷之际能够顺利应对，重新振作。除了现金，企业还要有足够的其他类型的资源储备，以应不时之需，尤其是人才发展和组织能力等内部实力，以及良好的信誉、与外部利益相关者的合作与共生关系。

第三，组织韧性强大的企业通常具有对逆境的敏感性，它们可以迅速感知和捕捉外在的威胁，提前启动预警和应对方案，从而减少损失和伤害，保存自身的实力和核心业务，使之不会受到过度的负面影响或者毁灭性的打击。确切地说，从预警方案的角度来看，组织韧性的提升往往来自日常的模拟性训练，就像火灾或者地震演习一样，对于发生的可能性和危害性较大的逆境事件，一个组织要有选择地进行模拟性应对，这样才能提高实战时的应急发挥。

有了敏锐的感知能力和实际可操作的预案，一旦逆境苗头出现，企业就可及早启动预案，及时应对。比如，投资者在金融危机到来之前就已经调整资产组合，从激进的倾向转向稳健的态势。再比如，敏感地意识到全球对可持续发展的日益重视之趋势，在政府严厉的“环保减排政策”出台之前，企业已然积极主动地提前达到新标、合乎规范，这便是主动应对的典范。

当然，企业必须具有清醒的意识和较强的学习能力。企业既不能故步自封，沉溺于现有的范式与辉煌，也不能没有自己的定位与坚守，一天到晚忙碌于到处跟风模仿抑或潜心于随手捞浮财。也就是说，与事前的行动准备息息相关的是学习链条的构建和应用。

首先，企业要具有开放的意识和积极的心态，在思想意识和认知层面上重视逆境到来之前的自身准备。既不盲目自信地认为自己能够轻松化解任何威胁，百病不侵，也不能完全听任外在事态的发展，企盼船到桥头自然直，要切实有效地在力所能及的基本功和应对实力方面提前下笨功夫。其次，是对于环境监控和内部扫描在意识里和态度上的重视和审慎。有了这样的思想准备，才可能脚踏实地地去构建和使用预警系统。再次，积极的心态和审慎的态度最终要体现在对于逆境事件在认知层面上的把握，能够及时准确判断（至少是优于竞争对手的判断）和果敢决策，从而主动有序地启动应对预案。

逆境中的应对机制与过程

对于逆境到来之后的应对，企业的决策者既要基于自己的实力和预警方案去按部就班地实施尝试，也要应用自己的智慧和专业能力临机处置和即兴发挥。具体的应对措施和方法至少有三种基本思路：规避与隔离，抵制与反击，化解与吸收。

第一，规避与隔离，是避免与逆境直接接触的战略性选择，旨在与逆境事件本身绝缘。此类应对措施既取决于企业事前的战略定位，也取决于它在逆境中可以瞬时调整的可能性和灵活性。比如，企业不仅要力争了解各种可能的逆境事件的大致概率，也要同时在各项业务中熟悉自己生态系统内不同选手的定位和偏好，以及其他生态系统内（如国外或者临近行业）可能随时进入自己生态系统的选手的期望与诉求。这样，企业可以及时剥离与即将受到冲击的业务相关的资产，转入相对安全的业务或者地理区域，或者有选择地迅速与某些选手形成战略联盟（如获取特定资质或者豁免权）从而避开某种特定威胁（如政策性惩罚或者灭顶之灾）。

第二，抵制与反击，是依靠自身实力和运作技巧抗拒和抵御来自外部的威胁和打击。这也是相对主动的一种应对措施，希望拒敌于门外，从而保证自己的核心活动不受逆境的影响。比如，企业可以动用各方资源与关系，影响和改变那些给自己或者全行业带来逆境的政府政策，也可以通过合作者和第三方去逆转对自身不利的传言和媒体报道，还可以通过诉讼和媒体宣传来自证清白。显然，这些措施的奏效，很大程度上取决于企业的事前准备及其在商界以及社区等关系网络中的地位、名声和资源。

第三，化解与吸收，是尽量减弱逆境事件带来的威胁和伤害，将其分化瓦解，并且在不得已的情况下尽量消化吸收，争取把危害降到最低。这主要是相对被动而又无奈的应对措施。比如，一项特定政策的出台，或者是以某种名头“鼓励”大家捐款，或者是对某种介于违规边界的行为进行重罚。此时，企业需要在自己能力允许的范围内进行选拔和调配，考虑到底暂时牺牲哪个部门或群体，从而可以通过一定的损失保全整体的生存和未来的复苏。

在与上述行动与应对链条相对应的认知与学习链条中，此时的挑战在于思想开放和拿捏有度。首先，最重要的学习挑战，是发现新的元素和环节。最主要的是新的逆境类型和威胁方式，以及新的应对思路和措施组合，而不只是检验原先的经验和秘诀。其次，是要保持一定的思考定力和客观冷静。越是逆境时刻，越要尊崇常识，不能用恐惧绑架或替代理性。要客观地把握事情的本质，不只是拘泥于自己从情感上期冀的某种假设与臆想。再次，基于常识和过往的经验，兼及新鲜的刺激，决策者同时也要善于即兴发挥，创造性地解决问题。这需要个人智慧、职业素养、专业判断，也有赖于组织成员间的互相信任与真诚沟通。

而且，事前的组织设计原则和文化氛围会对组织的学习能力和行为应对产生深远影响。清晰的规则如强大的集权命令体系，在自由竞争中强者胜出，或者专家意见主导等都可能有助于反应的效率，虽然它们的适应情境有所不同。模糊的规则通常会导致反应僵硬机械、松散无序，抑或犹豫不决，摇摆不定。还有，在应对外部逆境的同时，能够较好地避免和化解自身内部的潜在危机，也是组织韧性的一个重要体现。

逆境过后的结果与状态

逆境过后，水落石出。有些企业丝毫无损，如虎添翼；有些企业站起身来，奋然前行；有些企业谢天谢地，心有余悸；有些企业苟延残喘，战战兢兢。不同的状态，源于不同的自身实力和应对措施。

第一，轻伤或者基本上无伤无损，也许是应对逆境的最佳结果状态。如果在事中能够有效规避与隔离，抑或抵制与反击，企业大抵可以实现这种理想状态。这种状态的实现最终靠的是足够的实力。而行动应对的关键则主要在于不犯低级错误，不至于无端地打烂一手好牌。

第二，恢复和重构，乃是组织韧性的最为直观和最为核心的表现。经过相对被动的化解和吸收，企业在某种程度上受伤受损，需要尽快恢复到逆境到来之前的运作水准和反应能力。应对比较成功的企业通常迅速恢复实力或者重新构建自己的能力。相反，应对失败的结果很可能是偃旗息鼓，扫地出局。

第三，增强与提高。亡羊补牢，未为迟也。无论是通过自己的经验与学习，还是通过对优秀企业的观摩与仿效，一个企业可以通过应对逆境来补齐自己的短板，更新自己的反应措施，从而提升应对未来逆境事件的总体能力。也许，最为可贵的不是增强现有某种能力，而是在新的领域内得以提升。

从组织认知和组织学习的链条来看，既要反馈，也要前瞻；既要固化，也要更新；既要总结，也要推广。首先，要善于捕捉新的经验和被证明较为有效的新鲜应对方法，而不只是拘泥于自己熟悉和擅长的领域，从而避免“核心刚性”和“应激僵硬”带来的弊端。比如，网络时代的危机化解可能与传统时代的危机公关迥然不同。其次，还是要继续珍视和强化自身优势，认清哪些核心能力是组织韧性的可靠基础和主打项目，并对其进行保护和增强。再次，一个企业要把应对逆境看成一项长期工作，而不能仅看作毕其功于一役的阶段性应对。虽然，就事论事地专注于当下的应对是必要的，但采取前瞻性的视角和跨时段的思考将会使得企业更加有效地应对将来可能发生的逆境事件。在组织中构建忧患意识，貌似悲观被动，实际上是积极主动，是增强组织韧性在认知与学习方面的必修课。

小结

我们通常希望逆境很快过去并且永远不再发生。世间乱象，通常不随人愿。俗话说，不经风雨，怎见彩虹？问题是，彩虹过后，仍然会有风雨。人生莫测，世事难料。突发性逆境事件总是会发生。任何组织都必须面对逆境的威胁和侵扰，无论是难以预料的突发性事件，还是极端恶劣多变的日常生存环境，提升自己的实力无疑是最为保险和可靠的应对基础，是组织韧性的核心要素。组织韧性的构建和功用，最终体现在积极开放的心态，对外部情势与内部动态进行的审慎精准的监控与预判，对理性和常识的尊崇，基于智慧和专长的即兴发挥，不同应对措施的创造性组合，既发挥自己特长而又兼收并蓄、善于合作，以及组织常态的迅捷恢复与组织能力的整体提升。

新时代企业家精神的系统性转型：展现共益型企业家精神

陈劲　阳镇　尹西明｜文

企业家精神在发展和完善社会主义市场经济方面发挥了不可替代的作用。改革开放以来，企业家精神大致分为四种类型——创业企业家精神、社会企业家精神、工匠企业家精神与共益型企业家精神。在新时代中国特色社会主义主要矛盾与经济发展战略导向下，着重需要基于全新的共益型企业家精神引领驱动宏观经济与微观企业的高质量发展。进一步培育和激发共益型企业家精神，对于实现从创新驱动向创新引领的转变和经济社会的高质量发展，均具有重要的战略意义与时代价值。

陈　劲，清华大学经济管理学院教授、博士生导师，清华大学技术创新研究中心主任，教育部“长江学者”特聘教授
阳　镇，清华大学经济管理学院暨清华大学技术创新研究中心博士研究生
尹西明，北京理工大学管理与经济学院助理教授、特别副研究员

党的十八大以来，我国经济社会从传统基于劳动、土地、资本驱动的粗放型经济增长模式向创新驱动的高质量发展模式全面转型。转型过程中的各类经济性与社会性矛盾错综复杂，无论是经济社会高质量发展，还是国家治理体系与治理能力现代化目标的实现，都离不开市场主体即企业家的有效参与。尤其是在当前全球范围内新冠肺炎疫情尚未消散，且对生产经营与社会秩序带来巨大而持久冲击的背景下，更加需要发挥企业家精神的内生能力以激发市场活力，应对重大公共社会危机下的社会治理与市场治理中的复杂挑战。习近平同志曾在党的十九大报告中谈到“激发和保护企业家精神，鼓励更多社会主体投身创新创业。建设知识型、技能型、创新型劳动者大军，弘扬劳模精神和工匠精神，营造劳动光荣的社会风尚和精益求精的敬业风气。”2020年7月21日，习近平同志在京主持召开企业家座谈会时再次强调企业家精神对完善中国特色社会主义市场经济、加快后疫情时代创新引领发展的重大意义，指出“改革开放以来，我国逐步建立和不断完善社会主义市场经济体制，市场体系不断发展，各类市场主体蓬勃成长。”“新冠肺炎疫情对我国经济和世界经济产生巨大冲击……要千方百计把市场主体保护好，为经济发展积蓄基本力量。”“改革开放以来，我国经济发展取得举世瞩目的成就，同广大企业家大力弘扬创新精神是分不开的。”

实际上，企业家（Entrepreneur）自第一次工业革命以来就成为经济学视域下的重要主体。由于企业家连接了企业与市场的边界，能够感知市场需要，进而带领企业组织作为市场的主要微观运行载体解决“为谁生产、生产什么以及如何生产”的问题。第一次工业革命催生了以工厂为主要形态的企业组织，经济学与管理学各个流派的学者围绕着企业家精神展开了理论建构的时序性历史过程的研究，主要体现为古典经济学派、新古典经济学派以及创新经济学派对企业家精神的定义与阐释。国内外管理学者对企业家精神内涵的研究主要体现在企业家的个体心理和行为特质两大方面，前者着眼于企业家个体所应具备的共性特征，后者则着眼于企业家通过创业创新参与市场竞争的行为模式。

企业家精神的演变一定程度上伴随着特定时代对企业家精神的呼唤。聚焦于我国的制度情境，企业家精神在发展和完善社会主义市场经济方面发挥了不可替代的作用。改革开放以来，在从计划经济向社会主义市场经济的转轨过程中，企业家精神大致分为四种类型，即以创业为核心的创业企业家精神、以社会创新与社会责任履行为核心使命的社会企业家精神、高质量发展背景下的工匠企业家精神，以及价值共创、共享与共益的多重使命整合驱动下的共益型企业家精神。新时代进一步培育和激发共益型企业家精神，对于实现从创新驱动向创新引领的转变和经济社会的高质量发展，均具有重要的战略意义与时代价值。

创业企业家精神驱动的创新创业与国有企业改革

创业企业家源于“创业”（Entrepreneurship）这一核心概念，从创新管理角度而言，创新经济学家熊彼特认为创业是对新产品或服务从计划、组织、领导与控制的全过程实践，创业能够实现生产要素的重组、整合与创新，创新是创业的重要实现手段。实质上，创业企业家是在面对不确定性与高度动态化的商业环境下建立一定的组织结构与运行秩序，从而实现组织利润的获取与心理成就的满足。创业企业家精神是创业企业家的本质，从企业家个体的心理特征角度来看，创业企业家精神蕴含了对风险的个人偏好、对超额利润的巨大渴求，以创新与个人创造力为主要构成的创新精神成为创业企业家精神的显著标志。从企业家行为角度而言，创业企业家精神可以理解为对市场进入活动的实践行为，包括对新市场的挖掘、进入以及对原有市场的新产品或服务的新导入性竞争行为。从组织行为学角度而言，创业企业家精神不仅意味着带领组织成员共同实现新创企业的成长目标，更重要的是领导、组织与管理新创企业内的持久创新性实践行为，包括响应组织成员对自我扩张、自我迭代、自我更新、自我升级的价值追求与行为诉求。

我国改革开放40多年来的经历，实质上正是通过制度创新激发与培育创业企业家精神的过程。一方面是对民营经济作为我国改革发展重要潜在力量的重视，各类所有制企业雨后春笋般的迅速崛起与发展实质上离不开创业企业家精神重要作用的发挥，从而推动了以民营企业为代表的企业组织成为推进经济社会发展的动力资源；另一方面是国有经济改革的系统性推进，现代公司制度的引进和混合所有制改革的不断深入，激发了国有经济领域的创业企业家精神，驱动了国有企业不断提质增效，强化了国有企业作为创新型国家建设的主力军作用，为进一步推动国有企业和民营企业、大中小企业融通创新奠定了基础。

创业企业家精神对我国民营企业的成长壮大发挥了关键作用，主要体现为几个层次的演进。首先是在改革开放初期以个体手工业、个体工商户以及个体雇佣为基本单元。随着1978年12月党的十一届三中全会出台了解禁农村工商业、家庭副业和农村集贸市场的两个政策文件以及1979年中共中央、国务院先后发文鼓励农村发展社队企业（1984年改为“乡镇企业”），以个体经营与个体创业组织为基本单元的小生产者逐步突破了传统计划经济时代下的制度禁锢，以私人雇佣为基本特征的创业活动逐步获得了制度合法性与市场合法性。其次是进入20世纪90年代后，以现代公司制为治理模式与特征的民营企业不断涌现，大量原有国有单位体制之下的“单位人”逐步转变为“市场人”，越来越多的具有创业企业家精神的“单位人”“经济人”基于创业精神与创业理念积极投身国家建设过程的创业实践，创业企业家精神主导下的个体经济、私营经济成为突破传统单一公有制下的全新经济成分。最后是进入21世纪后，随着新一轮工业革命向前演进，互联网、云计算、物联网、大数据等共性技术催生了新的创业企业家精神的创业模式，这一时期“大众创业，万众创新”理念下的一系列政府“双创”政策的出台，极大激发了企业家的创新与创业激情，使得民营经济在GDP中的比重不断攀升，由1989年的3.86%上升到党的十九大以来的60%以上。同时，民营经济成为推动地区产业转型升级的重要动力，一大批互联网平台型企业，如阿里巴巴、腾讯、百度、京东、美团、字节跳动以及各类民营企业成为推动我国迈向“新经济”形态的重要力量。截至2019年，我国市场主体中的企业已有3828万户，个体工商户8261万户，一大批具有创新创业导向的企业家成为我国市场经济不断深化的主要参与者与建设者，成为新一轮科技革命下新经济与数字经济不断向前演化的主要推动者，同时也成为我国系统性迈向创新强国的技术进步的主要推动者，在国家创新体系与区域创新体系中起着关键性作用。

创业企业家精神也成为推动我国国有企业改革不断深化的独特“市场基因”，国有企业改革包括国有企业产权制度变革以及国有企业内部管理制度变革，其中产权制度变革过程正是从单一国有资本逐步地引入具有创新创业活力的民营资本成为混合组织，并逐步实现国有资本的优化重组，推动国有资本逐步向关系国计民生以及具有战略性与前瞻性的产业集聚，提高国有资本的产权配置效率的过程；而国有企业内部管理制度变革体现为从计划经济体制下的“单位制”逐步向商业场域与社会场域共生融合下的现代公司制度的转变。在现代公司制度下，通过引入具有创新创业精神的市场经理人，推动国有企业的公司治理模式实质性地从行政型治理转向经济型（市场型）治理，基于创业企业家精神赋能的国有企业成为我国公有制经济主导下的国民经济支柱与压舱石。创业企业家精神推动了国有企业资源的市场化配置，发挥市场机制在资源配置中的决定性作用，使得国有企业在市场中的竞争能力大幅增强。党的十八届三中全会审议通过的《中共中央关于全面深化改革若干重大问题的决定》中确立混合所有制经济的合法性地位，认为混合所有制经济是“公有制为主体、多种所有制经济共同发展”这一中国基本经济制度的重要实现形式。相应地，混合所有制企业便是混合所有制经济下的主要微观组织载体与实现形式，进一步在企业产权层面肯定了非公有资本与公有资本在同一组织场域内形成混合的制度逻辑兼容的合理性，即在制度层面为市场逻辑与社会逻辑之间的融合共生提供了全新的组织场域——混合所有制经济下的混合所有制企业。混合所有制企业成为融入创业企业家精神的全新微观组织载体，国有企业通过股权的混合化（民营企业家参股与共同持股）为国有企业在企业家精神层面融入更具市场活力的创业企业家精神提供了可能，为进一步激发国有企业在市场竞争的充分性、拓宽国有企业发展的市场空间以及培育、激发和释放国有企业领导人的创业企业家精神提供了制度空间。2015年出台的《关于国有企业功能界定与分类的指导意见》中，国有企业基于双元制度逻辑的偏向性与内在张力的差异性进一步划分为市场逻辑主导的商业类国有企业与社会逻辑主导的公益类国有企业，国有企业分类改革实质上便是最大限度地激发国有企业的创新与创业精神，为新时代实现经济与社会的高质量发展提供更多、更强劲、更持久的“发动机”。

社会企业家精神驱动的社会创新创业

社会企业家精神的核心特质在于创造社会价值。Austin（2005）认为社会企业家精神是以社会价值作为基本的使命导向，捕捉社会创业与创新机会以实现企业家能力与创新创业机会的社会化建构的一个过程。Nicholls（2004）认为，首先社会企业家精神的社会性主要体现在企业使命的社会性，即以社会价值作为组织的战略决策原点，企业的战略逻辑元点不在于市场逻辑下的经济价值最大化或者市场竞争能力最优，而是满足市场中被忽视或者未被充分挖掘以及满足的社会性需求，以满足公共社会诉求为战略决策的逻辑元点；其次是运营过程中的社会行动导向，体现为企业在配置资源的过程中以资源社会化为配置导向，整合企业与社会性利益相关方的经济性与社会性资源，实现组织资源的优化配置，最终形成面向特定社会问题或者公共问题的社会化行动。社会企业家精神将企业的利益相关方价值诉求融入组织的社会目标中，形成创业企业家精神下无法覆盖的社会性利益相关方网络，从而能够扩大企业的社会影响，进而完成社会诉求的捕获、社会价值主张的提出、社会创新创业网络的建构，以及社会效益的识别与评估。社会企业家精神的社会性体现在组织运营过程中价值链的各个创造环节。在企业价值使命维度，社会企业家精神基于社会价值创造的社会使命从而超越了创业企业家精神下的单一经济价值创造的使命，通过以社会价值创造为出发点感知社会资源与发现社会性生产要素，实现企业家机会感知的变革，进而在组织运营层面聚焦社会性议题，以社会需求满足作为基本驱动力量，解决创业企业家精神作用下的市场失灵问题。评价社会企业家精神的社会性程度也由创业企业家精神下的单一经济维度转向经济与社会价值创造的双重维度。

在社会企业家精神的推动作用下，一大批社会企业诞生了，为推进我国的社会福利改善，解决我国社会环境问题提供了重要力量。我国的社会企业主要分为两种类型。第一种类型是公益型的社会企业，其资金主要来自外部捐赠与资助，通过创新性的社会方案解决社会问题。如美丽中国（Teach for China）公益项目致力于解决传统乡村支教模式中支教大学生与贫困儿童匹配与绑定的效应不佳问题，一方面为支教需求方与供给方的匹配对接服务，另一方面为支教的供给方也即大学生群体提供个人职业生涯成长培训等服务以实现高质量的师资供给与可持续性匹配。公益型的社会企业尽管能够获得经营性收入，但其获得的收入决定了组织的所有者不能分红，这一定程度上为公益型社会企业的社会活动提供了资金保障。第二种类型是市场型的社会企业，其资金大部分来自自身的商业化运作，实现了财务的稳定供给，少部分来自外部的慈善捐赠与政府扶持资金。如在我国公益平民化的背景下，传统的网络众筹由于缺乏市场导向，自身运营难以持续，而在线慈善商店如以善淘网为代表的市场型社会企业，借助互联网技术在爱心捐赠者、善意购买者、公益组织与受助人群等多元利益相关方间建立网络联系，从而形成“共生共赢”的业务模式，进而以明确的市场导向强调市场销售的获取，从而促进企业社会目标的实现。

企业家工匠精神驱动的制造业高质量发展

人类社会自诞生以来就存在手工劳作的工匠制，在工业革命之前，工匠制度是人类生产的主流制造范式，主要特征表现是与某产品制造关联环节下的师徒传承模式，学徒跟随师傅进行数年的模仿学习与自主制造，在这一过程中形成专注于个人技术的独特精神与文化。“工匠精神”倡导的是一种精益求精的职业精神，指的是在制造领域对于制造工艺、制造品质、制造文化的精益求精与持续专注。第一次工业革命使得工厂成为生产制造的重要组织载体，在第一次工业革命的技术支撑下，传统的师徒传承模式逐步被工厂大规模专业化分工的制造模式所取代，制造产品的质量标准化成为这一时期工匠精神的重要体现。而随着第二次工业革命的来临，自动化大规模流水线制造模式逐步取代了工匠制造模式，但这一时期机器的标准化劳动并没有取代工人劳动中的精益求精的工匠精神，高附加值产品的制造生产依然依赖人的知识劳动。工业制造产品的设计环节的工匠精神并没有消失，尤其是这一时期日本、德国等发达国家的“顾客至上”理念下的产品高性能与高品质的经营管理模式成为制造企业的核心竞争能力。因而从工匠精神的形成与传承背景来看，尽管生产制造范式经历了多次重大变迁，但工匠精神的核心要求仍然没有改变，呈现了其对产品品质的持续改善与对工艺技术进步的孜孜以求。

伴随着新一轮工业革命的不断演进，我国工业经过多年的高速增长迈向了工业化的后期阶段，从劳动和资本密集型的工业经济时代逐步迈入知识密集型的服务经济时代，服务业与工业的双轮驱动与互嵌融合成为这一时期的显著特征。这使得制造业服务化趋势愈加明显，强调生产的个性化服务、定制式生产成为典型的需求端诉求，因此工匠企业家精神要求企业家不仅要注重产品的质量与性能，更要注重对顾客的服务体验、创意体验以及审美的满足。企业家工匠精神意味着在企业层面，企业家以顾客的价值实现为最终导向，专注于企业品质文化的建设，塑造内部的工匠文化，进而为消费者提供内嵌了工匠精神的高质量产品与服务。这也意味着在企业内部，企业家充分关爱员工，树立质量第一的企业发展主线，从而激励员工进行创新活动以及鼓励劳模精神，发挥员工的劳动与创新潜力。尽管在后工业化阶段我国制造业发展规模、工业技术创新能力、工艺复杂程度以及全球价值链参与程度都有显著提升，但从制造大国迈向制造强国甚至工业创新强国还需要一个长期的工业化深化阶段。在我国制造业转型升级过程中，尤其需要注重企业家层面的工匠精神培育，制造业企业家亟须由传统的粗放型的制造生产模式下的产品“价廉质低”向全球价值链的中高端迈进，放弃发达国家曾经走过的“粗放式制造”下急功近利的生产经营理念，注重消费者对产品的个性化审美体验需求，注重产品研发设计投入环节以及产品的环保价值理念，将互联网背景下的云计算、智能制造、大数据等数字化、智能化与信息网络化技术手段融入产品和服务品质提升过程之中，基于数智化时代下的技术创新与商业模式创新重塑和创新数字经济下的工匠精神。

面向新时代的共益型企业家精神

党的十八大以来，中国特色社会主义迈入新时代，新时代下的经济发展方式、经济发展动力以及经济发展结构已经发生系统性转变，中国社会主要矛盾已经转化为人民日益增长的美好生活需要和不平衡不充分的发展之间的矛盾，尤其是在“创新、协调、绿色、开放、共享”五大发展理念引领下，共益型企业家精神是解决社会与环境问题的一种更加新颖有效的企业家精神。共益型企业家精神的主要内涵是将传统创业企业家精神中的市场化理念、冒险精神与社会企业家精神的社会价值导向逐步混合，即从创业企业家精神驱动下的风险、回报的单一考量转向对各种社会影响与风险的综合权衡决策，从而将市场体系的力量和效率导向在社会影响层面进行整合，进一步催生全新的组织形态，即共益企业（Benefit Corporation）（见图1）。以共益企业为组织载体的“第四部门”组织尝试“经济、社会与环境” 三重底线践行可持续性商业模式，以弥合企业市场趋利的利己主义导向与社会价值创造之间的鸿沟。

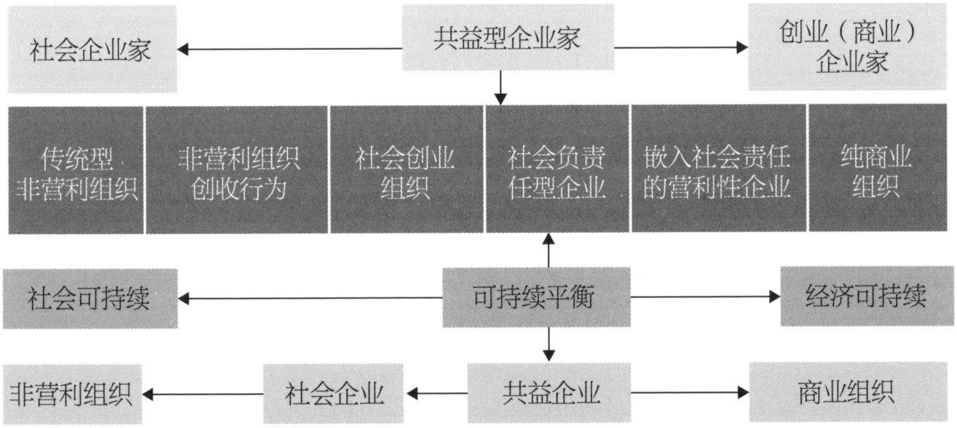

图1　共益型企业家精神驱动下的共益企业（社会负责任型企业）

从企业社会责任运动观的视角来看，自20世纪70年代以来大致产生了企业社会责任运动的三次转型浪潮。第一次浪潮以商业组织为逻辑起点，试图通过驱动商业组织市场创新，将获取的创业企业家精神嵌入社会元素，推动商业组织的日常运营行为符合社会规范，典型的体现是20世纪70—80年代产生的大量的生产守则运动，希望通过标准化的生产规范驱动跨国商业组织的社会责任行为的标准化；同时主张改变组织的生产方式与经济利润最大化使命驱动下的商业模式，将社会元素与社会价值诉求融入商业组织的商业模式设计与运营管理过程之中，实现对经济与社会的正向影响。第二次浪潮则是20世纪90年代以来的社会企业家精神驱动下的第三部门组织（区别于传统商业组织与公共政府组织）与社会企业为混合型组织载体的社会企业运动，在企业家精神层面进一步驱动具有社会创新与社会创业精神的社会企业家精神的涌现，破解传统商业组织的市场势力与社会组织的社会失灵等社会责任实践困局，驱动企业寻求可持续性商业模式创新，弥补市场失灵与政府失灵。第三次运动浪潮则是在2006年创立的非营利组织共益企业实验室（B-Lab）率先提出了共益型企业家精神驱动下的共益企业（Benefit Corporation）的新型混合型组织理念，尝试变革原有创业企业家精神与社会企业家精神驱动下的商业组织或社会组织共享价值创造的异化困局，尝试基于共益型企业家精神消解上述两次社会责任运动过程中层出不穷的企业社会责任行为异化问题，实现传统商业组织或社会企业难以实现的综合价值与共享价值创造的可持续性。

因此，在新时代全新的经济发展目标与新的社会矛盾背景下，实现经济社会发展成果的充分共享，离不开企业家精神的重要作用。首先，共益型企业家精神在价值创造导向层面不再以商业企业家主导商业性元素作为其价值创造来源的核心元素甚至全部，更加强调其在商业实践过程中的社会影响、社会声誉和社会能力，价值创造网络突出与整个商业生态圈乃至整个社会生态圈中的利益相关方的互惠共生关系，由此共益型企业家精神的价值捕获和价值创造过程（价值主张生成、价值网络建构、价值分配优化）要求整合社会性元素与商业性元素，最大限度发挥基于经济、社会与环境的多元共享价值创造的内生性潜能。

其次，从制度逻辑的视角来看，共益型企业家精神驱动下的组织运行逻辑不再是单一的市场逻辑与社会逻辑，而是主张跳出单一市场逻辑与社会逻辑下的工具理性或社会理性，以双元混合逻辑驱动组织运行过程中市场理性与社会理性的有效契合与动态共融，共益型企业家精神具有鲜明的市场理性与社会理性相互融合的特征。

再次，从企业家机会感知的视角来看，共益型企业家精神不单单关注潜在的市场机会，即通过产品创新与市场创新实现经济价值的机会，也不仅仅关注社会领域中尚未满足的社会诉求或者社会需要，通过社会创业或者社会创新实现社会价值创造以及弥补传统的市场失灵与公共失灵，而是通过在商业场域中主动融合社会价值与社会机会，寻求传统商业机会与社会创新机会的有效耦合。

最后，共益型企业家精神的全新评估体系的有效性，突破了商业企业家精神主导的盈利能力或社会企业家精神主导的社会影响力与社会环境价值；系统性地转变为共享价值共创、共享与共益逻辑下的经济、社会与环境三重价值创造的综合指标。

培育激发共益型企业家精神，驱动引领经济社会高质量发展

在宏观制度层面，首先需要持续推进市场化进程，通过持续优化市场营商环境，简政放权推动行政审批制度改革，充分调动企业家在新时代的冒险精神与探索精神，进而为驱动中国经济的中高速发展提供韧性基础。尤其是在当前数字化、智能化与网络化为特征的数智经济迅猛发展，数智时代诞生了一系列全新的经济形态与微观市场组织的情况下，需要通过持续的制度供给与顶层制度设计为全新的平台经济、共享经济与智慧经济提供制度合法性，基于制度赋能持续为新经济、新业态与新模式提供市场合法性。尤其是在当前数智化背景下互联网平台企业与人工智能企业在高速发展的同时，产生了大量的企业社会责任缺失与异化的问题，需要从数字经济发展的全局出发，基于中央政府对未来平台经济与数字经济的前瞻性顶层制度设计能力，结合地方实际情况制定中国特色的平台企业运营与创新发展的标准体系，包括法律法规、行业规范以及相应地方运行细则，同时也要考虑到针对人工智能、区块链、云计算等新兴信息技术的前瞻性创新治理制度体系设计，在制度规范上使得对新兴信息技术的应用及时且合法合规合理，以制度合法性驱动数智企业（互联网平台企业、人工智能企业与数字化企业）的责任式创新与责任型治理，从制度视角为传统数智企业迈向具有共益型的数智企业提供合意的制度环境。其次，需要推动社会创新与社会创业的制度优化，一系列新的社会矛盾与社会问题解决依然需要发挥企业家精神的力量，驱动企业家精神以社会价值共创与共享的使命

观为社会层面的高质量发展提供动力基础，激发企业家主动关注当前全面建成小康社会这一时代任务之下的民生需求与社会公共领域中的产品服务供给中的短板，推动企业家以金字塔底层创新、用户创新、社会创新等多种创新范式整合助推社会高质量发展，以共益型企业家精神中的社会价值共创与共享有效解决当前社会面临的公共社会问题，以共益型企业家精神的力量推动经济与社会的可持续发展。最后，需要在立法层面将共益型企业家精神驱动下的新型混合型组织即共益企业作为一种全新的组织形态纳入现代企业制度体系中，为其可持续发展提供法律制度合法性。包括对共益企业的性质、职能与治理结构进行公司法层面的制度建构，实现制度环境中的其他制度安排与共益企业法有效衔接，结合欧美社会企业立法、传统商业组织的公司法等多种法律制度探索培育与激励我国共益型企业家与共益企业新创与成长的法律制度环境。

在中观社会生态层面，从企业与社会关系视角来看，共益型企业家精神的形成与成长有赖于良好的社会生态，进而从社会合法性与社会激励的视角推动企业以多种形式有效嵌入与融入社会，实现商业与社会的共生发展。具体来看，第一，构建支撑共益型企业家精神成长的良好社会生态需要解决社会组织、社会公众对共益型企业家精神驱动下的共益企业与共益型组织这一全新组织形态的社会认知欠缺问题。社会认知与社会预期引导的重点是要增进社会公众对共益型企业家精神与支撑共益组织或者共益企业的了解和认识，改变社会公众对传统组织范式如商业企业、社会企业与非营利组织等固有的组织形态的刻板印象，避免社会公众对共益型企业家精神驱动下的共益企业的社会功能认知与行为预期出现偏差，为推进共益型企业家精神的涌现与共益企业的成长营造健康良性的社会舆论环境。这一过程需要对社会组织和公众进行关于共益企业家精神驱动下的共益企业独特可持续性商业模式和社会责任实践特殊性的认知宣贯，形成一致性的公共社会认知，以发挥社会组织和公众在推动共益企业新创与成长中的积极作用，支持共益型企业家精神驱动下的共益企业的运营与发展，推动共益型企业家精神驱动下的共益企业可持续的社会责任实践与可持续创新。第二，搭建共益型企业家成长的社会平台，形成共益型企业家精神的社会化社群和支持机制，以社会平台搭建推动社会激励机制的建设，对于具有良好社会责任表现与企业综合价值创造绩效的企业需要出台相应的激励制度，予以重点激励，并给予相应的社会融资支持。共益企业面向的利益相关方群体需要形成责任消费、责任投资与责任采购等全新的可持续消费与投资理念，基于“用脚投票”方式支持共益型企业家精神的成长，并推动传统商业企业向共益型组织发展转型，引导与推动社会公众和社会投资机构以责任采购、责任投资以及责任消费等可持续社会生活与投资模式为共益型企业成长提供更可持续价值导向的社会支持机制，形成对共益型企业家精神的显性化市场激励与社会激励效应，更好地为传统商业企业系统性转向共益型组织提供社会赋能机制，助力构建共益企业家精神的社会支持机制，最终为共益型企业家精神的涌现与共益企业的新创与成长搭筑社会性利益相关方网络，为价值共创、共享与共益奠定社会认知与社会网络资源基础。

在微观组织层面，需要积极探索有中国特色的共益企业或者共益型组织成长的评价认证体系，保障共益型企业家精神驱动的共益企业的创新创业激情与可持续成长。针对当前我国混合型组织的实践进展，共益型企业家精神驱动下的共益组织（共益企业）作为一种双重使命驱动、双元制度逻辑共生共融以及综合价值共创与共享的新型混合型组织，需要从两个方面同步发力构建共益型组织的微观评价认证体系。一方面，聚焦于市场逻辑主导下的商业组织场域，针对已有的对于商业企业社会责任实践评价指标体系，在组织使命、组织社会责任实践表现、组织价值创造绩效等多个层面重新探索传统企业社会责任评价指标体系中的共益程度，对具有共益属性的商业组织予以认证，推动传统市场逻辑主导的商业组织向共益企业系统性转型。另一方面，针对微观组织实践场域中的混合型组织场域，探索全新的共益型企业认证体系，主要体现为在双重使命驱动的国有企业分类改革的制度背景下，根据2015年国务院出台的《关于国有企业功能界定与分类的指导意见》，国有企业被系统性地分为具有不同使命目标与功能定位的商业一类、商业二类与公益类国有企业，基于使命混合程度的异质性进一步深化推动国有企业的分层分类改革。因此，针对公益类国有企业、商业一类国有企业和商业二类国有企业三种类型的国有企业组织使命、功能定位与价值创造目标的异质性，分类探索不同类型的国有企业迈向共益企业的认证评价体系。尤其是商业一类的国有企业，其组织运行过程市场经济制度逻辑的主导作用容易产生“使命漂移”，更需要全面的共益型组织评价标准体系为国有企业迈向共益型组织提供合意的支撑环境。

在微观组织层面建构的有中国特色的共益型组织成长评价认证体系，能够在企业运营管理过程中为以共享价值式企业社会责任实践范式开展社会责任实践与社会创新提供持续的保障和引导，实现社会责任理念根植于企业运营管理实践，推动社会责任管理与议题实践融入公司治理、运营管理、商业模式与业务实践过程中，创造高水平的、可持续的利益相关方价值和社会经济环境综合价值。

本文系国家自然科学基金应急管理项目（71941026）阶段性成果。

黑海生态——物联网时代的新战略思维及管理工具

张瑞敏 | 文

黑海生态战略，是海尔最新提出的一种适应物联网时代VUCA环境的战略思维。海尔为此创造的人单合一模式，以及与之相匹配的管理工具和实现路径，有望使其成为物联网时代的引领者，实现自创生、同进化。

张瑞敏，海尔集团董事局主席、首席执行官

编者按：

2020年9月20日，第四届人单合一模式如期举行。2020年也是人单合一模式创立的第十五个年头。十五岁的人单合一模式日臻成熟，迎来了一个新的里程碑——自创生、同进化的黑海生态。所谓“黑海（Uncharted Waters）”，强调的是“难以模仿的、不可复制的”。

为什么要在物联网时代提出“黑海生态”这个新的战略思维，并提出与之相匹配的新的管理工具——人单合一计分卡和共赢增值表？

首先，这是时代发展的需要。在物联网时代，所有的产品都可以通过传感器（RFID）变成一个应用场景中的网器。届时，“产品会被场景替代，行业将被生态覆盖”。企业如果还按照旧有的产品思维和旧有的商业模式来做，肯定会被时代所淘汰。

在物联网时代的VUCA环境下，企业必须创造一个新的商业模式才能适应这个时代的发展需要。海尔创造的是人单合一模式，与之相匹配的管理工具和实现路径就是一卡一表（人单合一计分卡和共赢增值表）。

最后，海尔希望借着人单合一模式和一卡一表，成为物联网时代的引领者，实现自创生、同进化。

引领时代的商业模式——人单合一

时代发展面临的挑战，企业自身面临的挑战，以及来自用户的挑战，都明确显示，企业的商业模式已经到了一个必须要改变的时候。

时代挑战——物质的颠覆

从第一次工业革命至今，称得上引领全世界的商业模式共有两个——福特模式和丰田模式。福特模式是大规模制造的流水线，实现了大规模制造的高效率。丰田模式是不断改善以实现“零缺陷”的精益管理模式。

这两种模式对世界做出了很大贡献。福特模式引进高效率流水线之后，使得当时一辆汽车的价格从平均2318美金变成360美金。这个价格让每个美国家庭都买得起汽车（当时美国福特工人一个月的收入达到130美金）。高效率、低成本的商业模式可以造福世界，福特模式因此成为全世界企业学习的模式。但是在物联网时代，产品必须要大规模定制，大规模、高效率的流水线行不通了。

丰田模式的精益管理是，不但要做得更快，还要做得更好。丰田就是通过精益管理实现“零缺陷”。但精益管理的“零缺陷”显然也不能适应物联网时代的发展。在物联网时代，产品变成网络的一个节点，产品作为网器存在于用户不同的网络应用场景中，它的质量要求和单纯一个产品的质量要求完全不一样。所以，停留在产品“零缺陷”的管理模式在物联网时代也是行不通的。物联网时代更需要的是实现与用户的“零距离”，而不是产品的“零缺陷”。

美国经济学家罗伯特·戈登在《美国增长的起落》中，提到一个结论：第三次工业革命全要素平均增长率只是第二次工业革命的三分之一。因为在第二次工业革命时期，有很多新发明的产品，如电器、电子产品、汽车、高速公路、飞机等，这些新发明的产品成为经济发展的增长引擎。

但是，第三次工业革命没有这么多新发明的产品，所以全要素平均增长率就降下来了。

数字时代三大思想家之一乔治·吉尔德在《微观世界》中说，所有的变化都集中在一个划时代的事件——物质的颠覆。在物联网时代，这个物质的颠覆可以理解为微芯片（即传感器，RFID）。所有的产品都由RFID连接起来，产品因此要从原来单纯的物理性能实现一个质的改变，变成一个网器，所有的产品都变成网络节点。

在物联网背景下，“产品会被场景替代，行业将被生态覆盖”。也就是说，在这个时代，只靠产品肯定行不通，产品必须连接起来变成场景，产品会被场景替代。在这个时代，成为行业老大也没多大用处，因为所有的行业也要连接起来，行业将被生态覆盖。在这个时代，单个产品不值钱，单个行业的老大也不值钱，值钱的是生态。

为此，海尔提出了以“三库”为基础的智慧家庭的新基建重要组成。“三库”指的是形成网络场景的三个库：组件库、场景库、体验库。

其中，组件库包括宝洁、双立人、迪卡侬等国内外知名品牌，这些品牌的所有产品成为网络场景中的组件，共同打造场景。

场景库包含由许多品牌打造出来的智慧家庭的场景。智慧家庭的市场非常大，需要所有品牌联合起来。笔者认为将智慧家庭的场景作为新基建的重要组成部分都不为过。

当这些品牌打造了场景后，用户会满意吗？答案是：永远不会满意。用户的需求永远不断地在变化，这就需要实现用户的体验迭代，而不是一次性的交易服务。在海尔体验库，没有完美的产品，只有不断迭代的产品，海尔体验库会根据用户的体验不断迭代、不断进化。

海尔的“二库”依靠“1+N”体系来满足，即一个人对着用户，后面有一群品牌，这个N就代表生态。

自我挑战——刺刀刺向自己的“酒神精神”

黑格尔辩证法的形式是反思。他认为，要从他物中反思回到自我反思，即我们说的“自以为非”。在企业中，大家最喜欢强调理由，最容易说“不是我的责任”。但要想持续发展，很重要的一点就是，必须自我挑战，自我颠覆。

以海尔为例，海尔从创业至今的35年中，大体经历了三次大颠覆：砸冰箱，砸组织，砸标签。

砸冰箱：改变观念

创业初期，也是改革开放初期，我们是砸冰箱。砸冰箱其实就是砸思想。那个时候由于种种因素，我们学不好日本的全面质量管理。但是我们认为，这不是客观的条件不行，而是人的思想观念不行。砸冰箱其实是砸掉了员工中的 “我根本做不成全面质量管理”的思想。执行全面质量管理最核心的一点，就是高质量的产品是高素质的人干出来的。

砸组织：瘦身健体

2005年，我们提出人单合一模式。那个时候海尔已经做得很大了，但是规模越大，我们越觉得赖以为生的科层制以及所有的管理制度，包括当时学日本、美国的管理制度，让我们反而离市场越来越远，内部的官僚主义也越来越严重。于是，那个时候我们提出砸组织，把科层制砸掉，所有的职能管理部门取消掉。1.2万多名中层管理人员要么离开，要么创业。

砸标签：重塑自我

最近，我们做的是砸标签。海尔连续11年成为全世界白色家电品牌的第一名。现在不是不做白色家电了，而是转型，从高端品牌转为生态品牌。

通过砸冰箱，我们砸出了中国冰箱史上第一块质量金牌；通过砸组织，我们砸出了引领全球的物联网时代的人单合一模式；通过砸标签，海尔蝉联BrandZ全球最具价值品牌100强中唯一物联网生态品牌。当然今后肯定有别的新的品牌，但至少我们是第一个。

这就体现了反思，必须自我反思，必须把刺刀刺向自己。

笔者认为，在反思过程中，我们必须有一种不断颠覆的酒神精神。笔者到国外去，有人问，“你们的企业是具备‘酒神精神’还是‘日神精神’？”“酒神”代表着不断地自我毁灭，不断地重生，“日神”代表秩序和理性。企业要将这两者结合起来，不断地颠覆，颠覆之后再建立新的理性和秩序。一段时间之后，当新的变成老的，又要颠覆，又要再建立新的秩序和理性。所以，“日神精神”和“酒神精神”是相辅相成、互相结合的。

用户挑战——如何应对持续的用户体验迭代

应对持续的用户体验迭代的前提条件是自组织。

企业的自我颠覆，首先要动的是组织。海尔把科层制组织、金字塔组织砸掉，去掉1.2万余名中层管理者之后，全公司8万多人变成4000个小微，小微拥有决策权、用人权、分配权。著名战略管理大师加里·哈默在畅销书《人本共治》中，讲到以人为中心的新的价值观和原则。书中一组数据指出，绝大多数的企业里超过1/3的人没有积极创造的意愿。为什么？因为他们认为自己只是被动的执行者。书中指出，员工要的是两种权利，第一是决策权，第二是剩余权益的分配权。海尔的“让渡三权”比书中说的多了一权——用人权。“让渡三权”就是把CEO手里的三种最重要的权力（决策权、分配权、用人权）让渡给小微，使其成为一个创业的企业。

1977年诺贝尔化学奖获得者伊利亚·普里高津说过这样一段话：“有序和组织可以通过一个自组织的过程，真的从无序的混沌中自发地产生出来。”美国未来学家凯文·凯利在《技术元素》中说，“所有的公司难逃一死，所有的城市都近乎不朽”，与伊利亚表述的思想有异曲同工之妙。因为公司不是自组织，是封闭的以自我为中心，而城市是开放的，相当于一个自组织。城市所处环境虽然无序、混沌，但需要与外部环境交换能量、资源等，为这个城市提供能量。城市因为这样的开放和自组织的活力，一直保持新鲜、活泼的生命力。所以，企业必须变成开放的组织，现在如果还是以自我为中心，那必死无疑。

自创生、同进化：自组织的两个生态属性

自创生就是自我创造，自我创造是共同进化的条件和驱动力，而共同进化又是自我创造的空间和结果。

丹娜·左哈尔教授提出了量子管理。按照她的定义，量子世界强调动态关系是一切存在的基础。我们的世界是通过相互的、创造性的对话来实现的。这个定义说明两个问题：

第一，我们存在的基础是动态关系。过去，我们认为存在的基础是静态关系，比如认为企业是静态的，把企业当成一个机器。我们会做出一个几年规划，把所有的人当成机器上的齿轮或者螺丝钉，每个人按照这个规划往前走就行。但现在，如果再以这种观点来看企业就死定了。因为用户要的是个性化需求，用户的需求每天在变。这个时候，企业怎么能不变？

第二，我们的世界是由相互的、创造性的对话实现的。这就是自创生和共同进化。相互创造，每个人都创造，这就是自创生；互相联系、协同，这就是共同进化。所以，企业一定是无边界的。

以生态品牌的黑海战略实现引领优势

社会经济发展到今天，大概可分为三个阶段：第一个阶段是产品经济，第二个阶段是服务经济，现在是第三个阶段，就是体验经济。

产品经济现在已经是红海。只做一个产品，不管到哪去都是价格战。直播网红，红到最后还是靠一句话："全网最低价！"

服务经济还有一点空间，可以有一点创造。真正的黑海战略就是体验经济。因为创造体验经济、创造用户需求根本不是一个产品能满足的，也根本不是一个企业能满足的，而是要变成一个生态。这个生态很难去复制。

海尔墨盒洗衣机的案例能够很好地体现创造用户体验迭代升级的全流程，说明海尔具体如何来实践生态品牌的黑海战略。

第一步，体验云众播：1+N自组织创造用户体验迭代

通过体验云众播链群，发现用户希望衣服洗得更干净的需求。于是将这种需求无缝转到灯塔工厂。

第二步，灯塔工厂：无缝体验

灯塔工厂是互联工厂。灯塔工厂因为连接到用户的需求，才进行大规模定制，所以不入库率（海尔衡量大规模定制模式实现程度的指标，即不进仓库直接送到用户手中的产品占比）达到了75%，很多都是直接给用户送去。当前全世界大概有44个灯塔工厂，海尔是唯一一个在同一国家拥有两座灯塔工厂的企业。

第三步，物联网支付：生态价值创造终身用户

产品送到用户手中后，交互刚刚开始。墨盒洗衣机可以实现物联网支付，这种支付方式优于现在的移动支付，实现了无感支付。墨盒洗衣机用的洗涤剂将来也会来自很多其他品牌方，他们非常愿意加入，因为为用户定制可以提高价值。用户会先签订一个协议，当墨盒洗涤剂用得差不多的时候，用户自己不知道，但洗衣机可以监测到，直接给用户送去新的洗涤剂，自动付费，这就是无感支付。

第四步，链群合约：共同进化，新物种持续自涌现

通过上面这几步再涌现新物种。洗衣机变成衣联网，所有的服装行业、洗涤剂行业等都加入并进行共创，因为这可以实现增值。现在又进了一步，全国洗衣店加入进来，然后变成洗衣店的生态。在这个生态中，洗衣店可以知道用户的洗衣、穿衣的喜好和穿衣品牌的需求，然后连接服装厂给用户提供最适合的衣服和最适合的洗护方式。

这就是物联网的黑海生态战略实施流程。不是在互联网电商平台上有无数商品让你去挑，而且为你量身定做。所以笔者认为，在大数据基础上，还必须有两个“数据”，第一是流数据，第二是小数据。所谓流数据就是跟着用户的需求不断“走”，所谓小数据就是聚焦到某一个用户的需求，跟着用户的体验迭代走。

实现用户主张的路径——一卡一表

黑海生态战略通过一卡一表两条路径来实现用户主张。一卡就是人单合一计分卡，一表就是共赢增值表。

一卡一表体现了动态、系统的哲学理念。从哲学层面来看，中国的传统哲学是系统论。系统论讲究整体关联、动态平衡。

中国哲学的根就是《易经》中的“五行”——木火土金水，相邻相生，相间相克。企业一定把自己当成五行当中的一个元素，不要认为自己无所不能，什么都行。一定要想着“你不行”，必须和别的企业形成一个体系，也可能有的企业与你相生，也可能与你相克。西方物理学界现在关于量子理论的呼声越来越高。量子理论简单说就是量子纠缠，两个粒子不管相距有多远，哪怕星际的距离也会互相联系，就像心灵感应，这就是爱因斯坦说的幽灵般的超距作用，我们以此说明内部创业的员工和用户之间的联系。

人单合一计分卡：颠覆经典模式

人单合一计分卡有三大块：第一是引领目标，没有人下达目标，人们自己在市场上发现，实现引领；第二就是链群合约，小微变成生态链上的小微群，组合起来之后实现引领目标；第三是结果的增值分享，增值之后就可以分享。

人单合一实现了创造价值和分享价值的合一。提出科层制的德国人马克斯·韦伯在《新教伦理与资本主义精神》一书中，提出希望达到一个目标，使得价值理性和工具理性能够成为一对孪生姐妹。之前，人们发现企业只有工具理性没有价值理性。干多少活给多少钱，这就是工具理性。对员工而言，工作可以体现自身价值，创造的价值有我的一份，有尊严，这就是价值理性。但是这两者之前联系不起来。笔者认为，人单合一能够把两者联系起来，将创造价值和分享价值合一，实现价值理性和工具理性的合一。

解决自主性与同一性的矛盾。笔者曾经去哈佛商学院，哈佛的教授提出这样的问题：海尔这么多小微，怎么去解决自主性和同一性的问题？每一个小微都想自主创业，方向是不是一致？我们的解决办法很清楚，就是用户付薪。我们没有薪酬部门，创客要想获得薪酬就是要在市场上创造价值，他就可以增值分享，如果创造不了，就要解散。用户付薪很简单，但可以把自主性和同一性的问题融合起来。这就是现代自组织的理论，达到宏观上无序无律，微观上有序有律的状态。外部的环境是无序无律的，但是我们就是给用户创造价值，微观上是有序的。

［案例］生态品牌——海尔生物医疗

我们有几个员工，他们本来是海尔内部的一个很小的部分，给医院做储存血液的超低温冷柜，卖出产品以后与医院的联系就结束了。但是慢慢地，他们发现医院有一个非常大的问题，血液的采集非常困难，但是血液浪费非常巨大。为什么呢？因为手术室领的血液不知道到底该用多少，可能多领一些，但是用完以后不管剩下多少血液都要扔掉。所以他们把电器变成网器，打通很多环节，国家卫生部门，以及像301医院这些知名的医院共同协商解决这些痛点，结果形成一个血联网，理论上实现了零浪费。

现在孵化出血联网的海尔生物医疗已经上市了。上市后，投资方并不把它看成一个做医疗设备的企业，而是把它看成一个物联网科技生态。它最高的时候PE值达到140多倍，现在还是在100倍左右。

共赢增值表——体现用户价值主张

所谓的价值链就是内部的各个部门协同起来，把产品卖出去。但是，我们的共赢增值表体现的是价值流。也就是说，根据用户的需求不断调整，不断创造。

原来的财务三张报表遵循一个原则——复式记账法，这是意大利在17世纪发明的，后来全世界都在用。复式记账法讲求的是平衡，但只是一个静态的平衡。比如，我们都知道那句话，“有借必有贷，借贷必相等”。但是共赢增值表变成动态平衡。共赢增值表有六大核心要素，其中四项都是传统报表没有的，第一项就是用户资源，用户资源只能是动态平衡，另一面是为用户创造的价值，两者之间平衡起来，而且不断上升。这个才是物联网时代企业最需要的。美国的经济学家说，21世纪的企业的竞争力在什么地方？就在谁的终身用户更多。企业不能给用户创造更多的体验迭代，不可能有终身用户。

另外，传统报表的损益表就是收入减去成本减费用等于利润，但是没有说利润是好还是坏，但是共赢增值表里有一项是边际收益。其实传统的报表边际收益很差。经济学中有一个定律，叫作边际收益递减，产品在报表上利润看似是增长，但是边际收益递减了，每多卖一个产品带来的收益低了，就是因为打价格战。我们可以做到边际收益递增。就像上面举的例子，如果只做洗衣机，可能是边际收益递减，但做成衣联网，做成洗衣的平台，就是边际收益递增。医院用的医疗器械会使边际收益递减，但是变成血联网就会变成边际收益递增。

成为物联网时代的引领者——自创生、同进化

从标准到复制再到物联网实践的引领

现在IEC、IEEE、ISO等世界三大国际标准组织都选定由海尔来主导工业互联网的标准、大规模定制的标准。这是有很多国家来竞争，但是最后选的是海尔。

现在全球有72个国家和地区的6.4万家企业注册成为人单合一无边界网络的会员。海尔在全世界有6个当地化的人单合一研究中心。这些研究

中心我们没有派一个人去，没有花一分钱，都是当地学者和企业家自发成立的。最有意思的是，美国硅谷的人单合一研究中心居然做了这样一个选题，他们认为，人单合一优于硅谷的创业模式。原因就在于人单合一模式是大企业创业，而硅谷却有一个最大的问题，那就是非常有活力的企业创业成功之后进了华尔街成了大企业，就有了大企业病。最典型的例子是惠普，成了大企业就离市场越来越远。

麻省理工学院的《斯隆管理评论》提出丰田、苹果等优秀企业的供应链在新冠肺炎疫情期间非常僵化，供应链僵化说明组织很僵化，但是海尔做得比它们好。因为海尔非常灵活，这在我们收购的美国GE家电和日本的三洋身上有所体现。在新冠肺炎疫情期间，其他企业营业额下降，但海尔的美国和日本区域则是两位数增长。

德国牵头推进了一个盖亚X计划，希望实现大规模定制，对海尔发出邀请，海尔是首个也是目前唯一被邀请的中国企业。他们希望海尔分享大规模定制经验，共同创造生态。

生态品牌的“三无”引领

我们认为生态品牌具有“三无”特征：第一是无缝体验，第二是无界生态，第三是无感支付。

现在消费互联网做不到无缝体验，因为它是和用户快速交易，但不能交互。海尔是跟用户交互之后产生最佳的体验。无界生态是无缝体验的支撑，代表了各种合作方共同成为一个生态来满足无缝体验。无感支付则超越了移动电子支付。正因为海尔做到了这三点，才能够成功蝉联BrandZ最具价值品牌100强中唯一物联网生态品牌。

目前很多企业已经加入海尔的卡奥斯工业互联网平台，其中青岛市的企业有1万多家。但海尔的工业互联网平台不是封闭的，不是有围墙的花园，不只是和这1万多家企业，而是和全世界的企业连接起来共同创造生态。

抓住VUCA时代引领的机遇

一方面是工业互联网带来了体验经济的机遇。移动互联网的蓬勃发展诞生了电商和消费互联网，如果仍是桌面互联网就不可能有电商。但是物联网到来之后，催生的是工业互联网或产业互联网。它的本质就是体验经济，这与消费互联网完全不同。

另一方面就是VUCA时代带来了混沌的机遇。混沌系统就是初始条件下微小的变化能带动整个系统产生长期巨大的连锁反应。海尔有两个标识与混沌有关——卡奥斯与三翼鸟

第一个是卡奥斯。卡奥斯是古希腊神话中的初始之神，混沌之神。古希腊人认为，没有它，所有神都不存在。它被誉为万物之卵，它孵化出来一切的东西。所以卡奥斯就代表工业互联网、生态品牌，意思就是可以孵化出更多的新物种，这是传统经济无法做到的。

第二个是三翼鸟。它是经过计算机百万次迭代才出来的混沌的自画像。简单来说，就是在初始条件下一个小的变动，最后可能产生一个巨大

的变动，也就是所谓的蝴蝶效应。海尔选用三翼鸟作为海尔场景品牌的名称，意思就是用户的需求痛点可能不大，但是海尔会根据用户需求不断迭代解决方案，不断演化，最后成为新物种，开辟新市场。

如何实现混沌中的自我生长呢？最重要的就是放权。举个例子，海尔卡奥斯平台有四个年轻人在春节期间发现口罩很难买，这四个年轻人就在春节放假期间自发地上线企业医用物资资源对接平台，赋能山西侯马全自动医用口罩生产线六天内实现试产，并逐渐进化成为国家的医用耗材全产业链生态圈。整个过程速度非常快，它不是做口罩的工厂，不是做医护用品的工厂，而是做医护用品的平台。

海尔的海创汇平台是一个创业平台，不仅海尔内部人员可以在这个平台上创业，全世界包括以色列、美国、日本的企业和个人都可以在这个平台上创业。截至2020年8月底，海创汇平台已经有4000多个孵化项目，包括4家上市公司、5家独角兽、23家瞪羚企业。现在的独角兽分为四类，其中只有生态企业才可以成为“龙企业”，所以我们希望让我们的独角兽成为“龙企业”。

詹姆斯·F. 穆尔在1993年率先提出“商业生态系统”理论。当时没有人注意，但是现在全世界都在关注他。他认为21世纪不是企业和企业的竞争，一定是商业生态和商业生态的竞争。每一个商业生态系统，都有四个不同的发展阶段：诞生、扩张、领导和自我更新。如果没有自我更新，则会灭亡，这是共同演化的过程。

现在企业很难成为生态的领导者，但即便成了领导者，也要自我更新。因为时代在不断发展，企业也要随之改变。“没有成功的企业，只有时代的企业”。希望中国企业现在能够抓住这个时机，共同成为物联网时代的引领者。

新基建背景下的产业互联网机遇

刘杰 | 文

新基建作为国家战略，其核心项目5G的技术特性和应用场景为企业带来了新的数字化运营模式，即产业互联网组织，为传统企业的转型升级和跨越式发展带来了机遇。能否抓住机遇，取决于企业管理者的创新思维和新技术运用能力。

刘杰，复旦大学管理学院教授

若干年来，我国对高速公路、高速铁路、高压电网等传统基础设施的建设投资，短期内为GDP的增长带来了贡献，长期则使人员和物品以及相应资金的流动变得更加快速和通畅，从而为国家的经济发展和社会进步提供了基础性先导条件，起到了支撑作用。

其实，在商业活动中对应人、物和资金等流动的还有信息，甚至信息本身也可以成为一些如音乐、图书、金融等行业的产品或服务，数据和信息已经被认为是社会经济发展的关键资源要素之一，尤其是信息交换还是人类一切社会活动和商业活动中最基本的活动。因此，具有“数据传输、资源共享和分散处理”等基本功能的互联网以及相关的技术与应用也成为重要的基础设施。

随着互联网的迅速发展和普及，这类基础设施逐渐成为引领科技创新、产业革命和社会发展的重要“使能器和赋能器（Enabler）”，为世界各个国家的政府和企业所重视。近两年，我国政府适时地提出了新型基础设施建设（简称新基建）的概念并大力发展，即通过对信息基础设施的投资，带动传统基础设施的转型升级，完善国家经济的创新基础设施，从而提高全要素生产率，实现我国经济的转型与升级。

如果认为传统基础设施为企业的发展带来的是“倍数效应”，那么新型基础设施带来的则是“指数效应”。在这样的背景下，企业如何从发展的视角来理解新基建呢？新基建会为企业带来什么机遇呢？企业又如何抓住这些机遇呢？

新基建促进产业互联网的发展

新基建中任何一项基于新一代信息技术演化生成的基础设施，都离不开互联网，而互联网发展至今已经进入移动互联时代。因此，5G是新基建中的通用基础设施，是新基建的核心工程。

光纤宽带、移动互联等通信技术不断升级演进，1G的出现将人们从固定电话带入区域性的移动通讯时代；2G时代的用户可以语音、短信漫游世界；3G通过带动数据通信的发展，造就了移动互联网产业；4G以承载数据业务的无线宽带作为通信的基础设施，使得数据业务超越话音业务成为主流，移动手机也成为一台便携式的迷你计算机。其实，4G已经可以满足人类移动通信的基本需求。互联网的应用随着技术的发展也从电子邮件，逐步经历门户、搜索、音乐、在线下载、物联网到今天的小视频和直播带货等，这个发展过程除了与上网的费用尤其是流量费用有关外，主要与以下三个方面的因素密切相关。

（1）网络带宽。单位时间内网络可以传输的数据总量。带宽越高，网络数据传输量就越大，传输速度也越快。

（2）连接密度。网络每平方千米可以接入的终端数量。可接入的终端数量越多，网络的价值越大。4G的连接密度标准是10万/平方千米。

（3）传送时延。数据在从网络的一端传送到另一个端的过程中，处理各种活动合计所耗费的时间。时延越低，终端的反应速度就越快。

5G在上述三个方面都有了突破性的进展，被称为5G的三大特征：增强型移动网络宽带（eMBB）具有超高速率，海量机器类通信（mMTC）可以带来密度高达100万/平方千米的超大连接，并具备超可靠与低时延通信（uRLLC）特征。因此，5G必将开拓新的应用场景，可以预期的是，VR（虚拟现实）、AR（增强现实）等应用将会得到发展，具有大量传感器和模组的大规模并发通信需求将会得到满足，远程手术和以AI（人工智能）为核心的自动驾驶、智能机器人等应用的控制与管理也会得到实现。

5G的三大特征所带来的任何一项新应用场景的实现都会引发相关领域的变革，尤其是“连接密度”的大幅提升，使得生产制造环节等需要海量物联网设备接入的系统具备了可行性。基于5G可以将世间万物连接到互联网上组成工业物联网、车联网、农业物联网，甚至奶牛物联网等，辅之以数据中心和智能计算中心等算力基础设施以及云计算、边缘计算、大数据、人工智能和区块链的应用，万物互联的产业互联网应用将得到全面发展。

值得一提的是，中文“工业互联网”和“产业互联网”的英文均是“Industrial Internet”，而我国一般将“Industrial Internet”说成“工业互联网”。追根求源，“Industrial Internet”是美国通用电气（GE）在2012年发布的白皮书《产业互联网：突破思维和机器的界限》（*Industrial Internet: Pushing the Boundaries of Minds and Machines*）中首次提出的，其实，该白皮书内容不仅涉及工业领域，还包括航空、医疗、铁路等服务业领域，因此，可以认为“Industrial Internet”就是“产业互联网”。

在4G背景下，消费互联网得到了蓬勃的发展，尤其是基于移动互联网的电商、媒体、社交和文娱等已经成为人民生活需求与国民经济发展中不可忽视的部分。然而，按照我国国家统计局制定的规范，三次产业被划分为第一、第二和第三产业，如图1所示。从这个规范出发，人们常常认为的电子商务等消费互联网其实也属于第三产业，也是互联网应用中的产业互联网范畴。

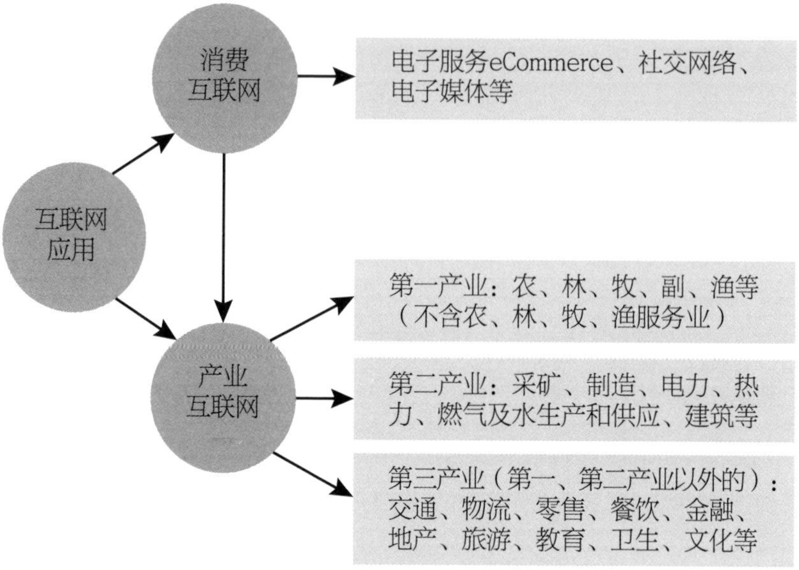

图1　互联网在各个产业中的应用

由此可见，产业互联网是三次产业依托数字信息技术尤其是移动互联网技术，围绕用户需求的满足，以数据信息为主要生产要素，连通研发、生产、流通、消费和服务等全流程，创新生产方式、组织方式和业务模式，最终帮助企业实现业务增长和转型升级的目标。

新基建由信息、融合和创新等三大基础设施组成。其中，信息基础设施包括通信网络、算力和新技术等基础设施，而通信网络的核心5G具有超高速率、超大连接和超低时延等三大技术特性，这使得物联网的技术可以在三次产业中得到全面的拓展，如图2所示。也就是说，新基建尤其是大幅降低时延的和大幅提升流量密度的5G会给产业领域带来产业互联网的深刻变革。

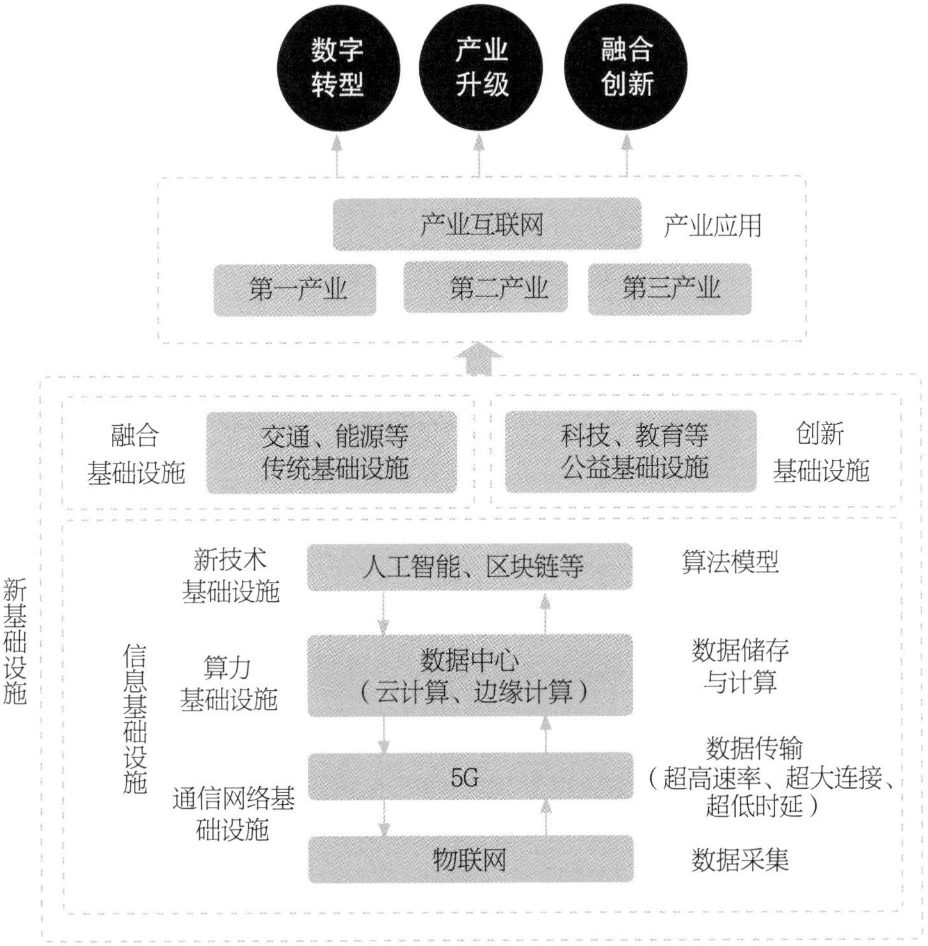

图2　新基建与产业应用

4G及以前的消费互联网主要是在消费端带来革命性的变革，与之不同，5G引发的产业互联网将通过实体企业的连接，跨越行业界别，融合三次产业，把人类的生活与工作中的行为场景打通，真正进入产业互联网时代，引发企业经营管理模式的变革。

产业互联网企业将占据主导地位

在4G消费互联网时代，不拥有出租车的优步（UBER）和滴滴出行等网约车公司通过其软件平台，连接了乘客、传统的出租车司机以及社会上的有车一族，提高了人们的出行效率，满足了多样化的出行品质需求，也优化了出行、租车市场的资源配置，使得传统的出租汽车企业受到很大的冲击。2010年成立的美团并不拥有一家饭店，但是发展到2019年7月底，就做到了每天3000万的订单量，这是世界上任何一家实体饭店都难以达到的数字，尤其在新冠肺炎疫情期间，美团不仅为大量的饭店提供了业务，而且也满足了消费者的需求，让近300万快递小哥有了收入。亚马逊、淘宝、京东和拼多多等网络零售企业搭起了企业与消费者之间的桥梁，谷歌、携程和滴滴出行等互联网企业改变了市场结构，成为广告、酒店、出租车等市场的主导者。

4G时代所造就的一大批消费互联网平台型企业与行业内的传统企业相比，一个很大的不同点就在于前者以数字为主要生产要素。这些平台企业采用的是基于数据的运营规则，而不是传统的依赖于人力的方式，平台企业主要运用由少数技术人员设计的网络、数据、软件、算法等加上一定的计算能力来创造价值，即平台企业的经营是由计算机系统而非人工来完成整个交易处理过程的，包括接待、识别、推荐、匹配、结算和考核供需双方。

消费互联网企业通过数字化平台让相关业务领域的企业与客户共享资源，提高了管理效率。信息的更加透明，消除了原本限制消费者的时间、地理位置和查找与比较的速度等因素，也大幅度降低了交易成本。通过对数据模型的不断优化与大量数据的分析，发挥出平台的网络效应。

例如，传统的出租汽车公司独立拥有并管理司机和车辆，有自己独立的信息系统，但是最终是由司机和车辆满足消费者需求的。滴滴出行的核心职能是在更大的地理范围内，通过其平台匹配出行需求者与车辆供给者，并且随着时间的推移，滴滴出行可以运用其累积的数据，生成并不断优化预测模型，对用户需求和车辆资源等进行深度挖掘，获取信息并洞察各自的价值所在，最终可以低成本高效率地为用户和司机提供价值。尤其值得一提的是，拥有大量用户的这些平台还可以发挥杠杆传导和平台包抄等效应，比较容易地进入其他领域，例如，美团除了外卖以外，还开展酒店、机票预订等业务。平台企业在出现初期常常被称为市场的搅局者，因为平台企业的规则会违背行业与政府多年来沿用的规制，优步和滴滴出行等对出租汽车行业的冲击就是如此。

随着具有三大特性的新基建核心工程5G的建设与普及，基础设施方面就突破了4G固有的限制，消费互联网平台企业的业务模式都将在三次产业领域得到全面的推广应用，同时消费互联网也将成为产业互联网的一个有机组成部分。正如消费互联网公司引领 to C端的企业变革一样，产业互联网公司将引领几乎所有企业的变革，驱动产业转型升级。

例如，拥有超长产业链的乳业，其面向最终消费者的产品涉及养殖、研发、生产、流通、消费以及服务等方面，跨越农业、工业和服务业等三次产业，如图3中的A部分所示。传统意义上，各个企业之间的信息是隔离的，难以连续和统一，而且不同主体追求的目标也不尽相同，奶牛养殖企业追求奶牛年均单产，乳制品企业担心生鲜乳价格的波动，消费者为乳制品的质量安全而焦虑，等等。

产业互联网将会改变乳业产业链企业的运行状态，通过产业内各个环节参与者的互联互通，及时采集、存储、处理和传递数据，并运用区块链等技术保障所有数据和交易的可信性。例如，数字化无缝连接从市场到牧场的全流程，消费者不仅能够成为乳品工厂的操控者，根据自己的喜好订制牛奶、酸奶、奶酪和冰淇淋等商品，而且可以全程把控或者回溯产品质量。奶牛场利用物联网技术跟踪每头奶牛的状态，提供伴随奶牛一生的个性化健康保健措施，可以依据市场的需求和奶牛的状态使之适时怀孕产乳，如图3中的B部分所示。

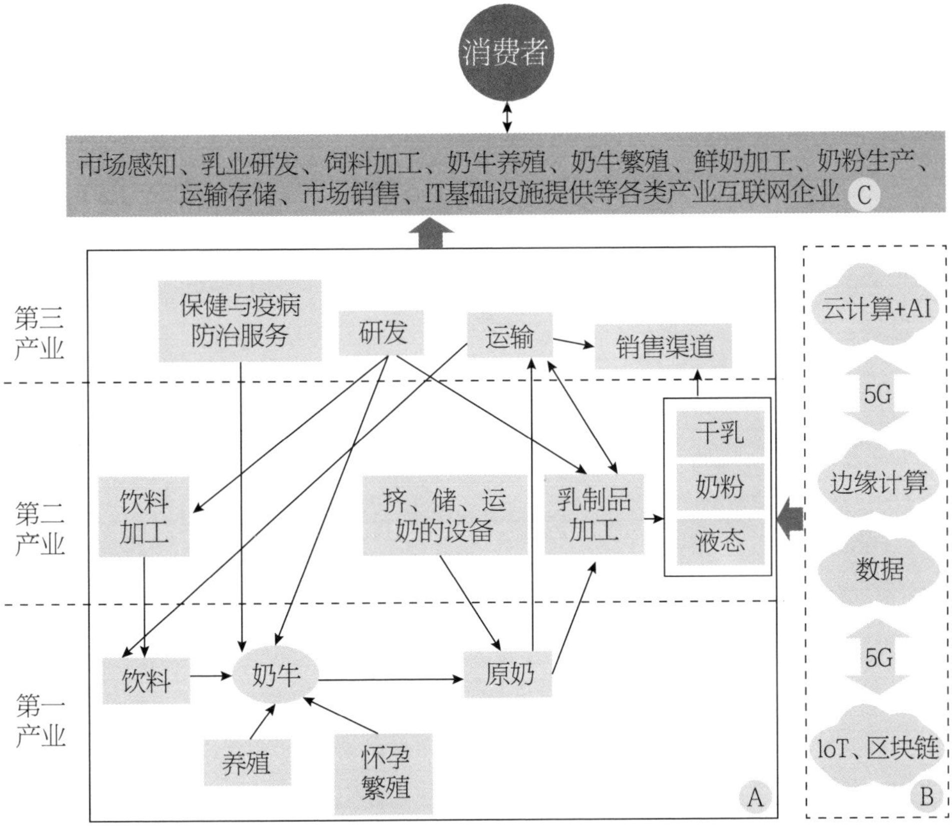

图3　乳业产业链及其产业互联网

在图3中B部分必须重视的是边缘计算。在消费互联网时代，企业的大量数据由分层式的网络传输到云端，由云端进行集中分析处理后反馈结果，这种处理数据方式的效率在海量数据产生的时代将会十分低下。而5G网络则使边缘计算成为数据下沉到边缘侧进行处理的“微云”，即在靠近数据源的一侧建立网络、存储、计算和应用核心能力等为一体的开放平台，提供最近端服务。5G提供的大流量计算和大数据处理能力为边缘计算所需的海量数据传输和处理提供高速、高容量和低时延的服务，边缘计算具有显著增加带宽和降低延迟的应用，更易满足有极强实时响应的需求。因此可以提升计算的效率，降低延时，提高数据的安全性。越来越成熟的区块链技术为边缘计算提供信任机制，解决了由于数据处理云计算集中模式而产生的各种问题。

边缘计算将会是推进产业互联网的关键加速器，不仅可以提高计算效率，而且还会推动传统企业由“产品思维”向“全生命周期的服务思维”转变，因为每一个具有边缘计算能力的端都拥有数据，这就可以从中挖掘出数据的价值，进而构建新的业务模式，成为各种服务的提供方。这也会促使企业分工越来越细。

乳业产业互联网的构建实际上是产业价值链重塑的过程，产业链上的每一个环节都需要进行数字化升级，产业价值链不再只是传统意义上把原材料变成半成品或者产品的各种活动，还需要收集和加工随之而产生的数据要素，各个过程的任何一个成果都包含了数据，即数据也成为产品的一部分，否则产品就不是完整的。数据在这样一个乳业产业互联网中对创造价值将起到幂增的关键作用，相关企业进行互联后都变成数据驱动型企业，从而提高产业的整体效率。

这个过程就需要在产业链的研发、生产、销售等内外各个环节综合运用新基建的5G、物联网、大数据、云计算、AI和区块链等新一代信息手段，形成乳业产业互联网，逐步构建起新的产业生态。在新的产业生态中，“劳力”时代转变为“算力”时代，企业之间的数据联系将会越来越紧密，企业分工也会越来越细，犹如在4G时代产生了一批消费互联网企业一样，5G时代将产生一批产业互联网企业，如图3中的C部分所示。

回顾全球市值前十大公司的变迁史可以发现，自1990年至今的30年来，以10年为一个周期来计算，占据排行榜最多的企业依次是：1990年的金融企业，2000年的电信企业，2010年的能源企业，2020年的消费互联网企业。每一个周期的转变都代表着经济发展的主流，可以预期的是，到2030年，占据这个排行榜最多的可能会是产业互联网企业。

企业的产业互联网机遇

产业互联网并非是简单的企业做数字化改造，而是基于新基建所重点投入的5G、物联网、大数据、云计算和人工智能等互联网技术与应用，围绕市场的最终需求，对各个产业链及其内部价值链中的每一项活动进行重塑和改造，从而形成新的互联网生态体系，是企业发展模式的彻底变革。与消费互联网公司和传统企业之间多是此消彼长的替代关系不同，产业互联网企业运营的数据多来自不同的传统企业，对来自不同企业的数据和业务进行融合，进而再为企业提供创新发展的基础。产业互联网企业与传统企业之间是互相支撑、共生共赢的关系。

因此，产业互联网企业与消费互联网企业具有不一样的特点。

场景化细分业务

虽然技术在不断进步，但是市场所依赖的经济原则并没有改变，分工带来的劳动效率提高和交易成本增加让部分市场功能转变为企业内部的计划与协调职能，因此，企业本质上就是市场的替代。然而，随着互联网的发展，由信息不透明带来的交易成本大幅度降低，因此，分工就愈加细微，企业的一些职能分工也逐步回归市场化。实践也证明了这一点，在互联网开始普及的20世纪90年代，发达国家的企业开始将其IT项目以及事务管理职能外包到印度、中国和爱尔兰等国家，自此开始，企业职能外包的热潮一浪高过一浪，企业逐渐地将其人力资源管理、财务会计和生产运营等重要职能外包出去。

对于这种现象，彼得·德鲁克先生1989年在其著作《管理新现实》中指出："在10到15年之内，任何企业中仅做后台支持而不创造营业额的工作都应该外包出去，任何不提供高级发展机会的活动与业务也应该采取外包形式。"德鲁克先生意指企业应该专注于自身核心业务的发展，将非核心或短期内难以解决的问题外包给其他企业，从而降低经营成本。然而，随着时间的推移，一些企业也将应该是直接创造营业额的销售职能外包了，例如，在纳斯达克上市的宝尊电商就承担了众多品牌商品的在线市场销售工作，耐克（Nike）、阿迪达斯（Adidas）等在淘宝、天猫平台上的专卖店其实完全是由电商代运营企业负责的，还有少数企业开始将其线下销售完全外包了出去。另外，尽管人们认为研发是企业生命力所在，属于企业价值链中提供高级发展机会的活动，而这样的活动也被美国知名财富五百强企业纽柯钢业外包了出去，纽柯钢业甚至都没有研究与开发部门。

以5G为基础的产业互联网将会让企业的各个环节都由专业化机构管理和运营，即大量的场景化细分业务运营组织将会产生，进而构建起去中心化的产业互联网开放生态，产业互联网生态中的相互关系将会是基于数据的“软件服务”。

比如，在乳业产业互联网中，从对市场需求的感知到饲料供给和奶牛养殖，直至乳制品的生产加工和销售服务，涉及的所有环节要素都将数据化，这些数据被平台化的不同经济主体包括政府监管机构掌控，进行相关的计算、处理、分析、优化、控制与决策等智能化运用，价值链中的每一个活动都以“相互服务”为手段，以满足最终用户的需求为目标，从而消除了流程之间、企业之间、产业之间和地区之间的差异。

因此，不同于消费互联网时代的市场为少数几个平台企业所占有，依据场景化细分业务的产业互联网组织生态将会依托实体企业的各个环节而显得更加丰富。消费互联网企业模式大多是面向大众消费、娱乐和信息需求的，具有普及化、大众化和同质化的特点，而三次产业中各类企业的需求感知、研发设计、生产供应与销售服务等商业活动都是高度专业和异质的，因此，产业互联网所表现出的场景大多基于数据，面向企业管理运营，具有专业化和异质化的特点。

价值共创型平台

消费互联网平台基于软件充分运用数据和模型，就比较容易地将传统企业长期建立起来的品牌和经验快速商品化，并且随着数据量的增加，平台不断学习成长并扩大网络效应，获得供应和需求两种规模优势。因此，消费互联网平台不仅获取了传统企业的利润，而且还加剧了传统企业之间的竞争，使得传统企业获取利润的水平越来越低，价值空间甚至生存空间均不断缩小。例如，与传统超市或大卖场相比，京东、天猫等平台以软件为中心，将传统供应链中位于核心地位的销售人员变更为技能要求更低的物流快递小哥，并且还消除了传统的80/20法则的瓶颈以及规模限制，最终使得许多知名零售公司消亡。因此，消费互联网平台与传统企业之间常常是此消彼长的关系。

竞争虽然是商业的常态，但是，产业互联网是场景化的平台，基础还是传统企业的场景，只是把众多企业的相同场景环节数字平台化。产业互联网体现其存在意义的是让传统实体企业得到更多的利益。如果说消费互联网时代主要靠流量取胜，那么产业互联网时代则主要靠共创价值取胜。

提及产业互联网平台，一定要说我国海尔的COSMOPlat、美国通用电气的Predix和德国西门子的Mindsphere等大平台，这些都是目前偏重于以工业为中心的产业互联网平台。要发挥出这些平台的更大作用，避免出现中心化模式而形成数据孤岛，就需要越来越多的场景化产业互联网出现，这些大平台通过接纳各类场景化平台，实现产业链各个环节的数据连接。

新基建提供了产业互联网不同平台之间大量数据高速互联互通的条件，为产业链各个环节的数据提供采集存储能力以及计算效率等，使之产生最大的价值。

传统企业的产业互联网转型

传统企业的产业互联网转型，需要应对以下几个挑战。

一是数据的挑战。产业链一般都比较长，涉及的环节、岗位、物和机构等也很多，连接的数据不仅量大而且种类多，因此，保证采集、存储和传输的数据具有完整性、及时性、统一性和不可篡改性的难度就很大，迫切需要对设备进行数字化改造，以便在数据源头能够一次性自动获取数据。

二是系统的挑战。产业内部以及产业之间关联着众多的系统层级，已经存在的组织结构复杂，难以套用消费互联网的模式进行决策和重组，需要从市场端向供应端倒推，理顺系统，使之扁平化。当然，这个过程也需要对政府部门的管理职能做相应的调整，比如，传统上，奶牛养殖属于农业部门，而奶制品生产则属于工业部门，奶产品的流通又归于商业部门，如果不统一这些部门的管理，可能很难顺畅开展产业互联网活动。

三是技术的挑战。技术是发展产业互联网的基石，按照今天的标准，产业互联网时代的每个企业都是科技型网络企业，然而企业的大多数场景需要的不是通用技术，而是针对场景化需求的专门技术，同时还需要包括系统安全技术在内的其他技术的配合。因此，对相关专业技术力量的要求比较高。

四是管理的挑战。传统企业的管理流程一般是以人力为中心的，存在规模不经济和管理惯性等问题，产业互联网是使用数据和软件来完成许多过去需要人力来做的事情，这是一种颠覆。克莱顿·克里斯滕森

（Clayton Christensen）在1995年提出的颠覆式创新理论认为，由于公司熟悉与现有客户的联系方式而导致的组织惯性会使公司无法有效应对“颠覆性”的变化。因此，企业需要从根本上改变收集和运用数据的方式，改变与客户、用户的交互方式，自上而下地彻底重新设计运营模式，强化数据驱动力的管理模式。

结束语

海尔的张瑞敏先生说过：“没有成功的企业，只有时代的企业。”移动互联网让世界进入了一个数据价值时代，数据与传统的物质材料和能源一样有价值，且还有可共享与可再生的独特特点，新基建则加快了数据价值时代的步伐，产业互联网应运而生。

当然，新基建作为国家战略，其核心项目5G的技术特性和应用场景为企业带来了新的数字化运营模式，即产业互联网组织，为传统企业的转型升级和跨越式发展带来了机遇。能否抓住机遇，取决于企业管理者的创新思维和新技术运用能力。

发展工业互联网的六个关键点

高旭东 | 文

发展工业互联网是提高我国企业和产业竞争力的重要措施。但因之复杂性，面临诸多挑战。那么，如何发展工业互联网呢？本文基于对实践的观察和思考，提出实践中需要注意的六个关键点，以助推工业互联网的发展。

高旭东，清华大学经济管理学院教授

发展工业互联网是提高我国企业和产业竞争力的重要措施。但是，由于工业互联网的复杂性，发展工业互联网面临很多挑战。在本文中，我们从六个角度进行分析，并提出六个关键点，希望对工业互联网的有效发展有所帮助。

关键点一：以积极的态度发展工业互联网

一个非常流行的观点是，我国工业虽然规模很大，但是发展水平还不足够高，很多企业还不足以发展包括智能制造在内的工业互联网。大量的实践证明，这一认识是非常偏颇的。2019年和2020年，工信部信息通信经济专家委员会组织对湖南省的长沙、株洲和山东省的济南、淄博、潍坊、青岛的一些企业进行了专题调研，发现这些企业在发展工业互联网方面已经取得了非常大的成就。工业互联网已经不再是一个概念，而是可以实实在在地提高企业竞争优势、为企业带来经济效益的。

比如，湘潭钢铁有限公司（湘钢），是传统产业应用数字化技术、优化生产流程的典型代表。在湘钢调研中，我们发现，湘钢的一位主要领导的手机月流量是50T，非常大，为什么？因为通过视频实时监控整个生产过程非常耗费流量。湘钢虽然规模不是很大，但在宽厚板领域非常领先。这家企业成立于1958年，1997年的产量达到100万吨，2018年的产量达到1000万吨。2016年至2018年，湘钢智能制造累计立项202个，总投资2.4亿元，年均创效2.5亿元。湘钢的现有系统可以每5秒收集一次设备信息，信息化程度比较高。在此基础上，工人的工作条件得到了极大改善，生产效率也有了很大的提高。

又如，山东东华水泥有限公司，虽然身处水泥这一传统产业，但是积极与阿里云计算公司合作，成功开发出全国首个“水泥工业大脑”并在企业中应用，仅2019年就节约标煤1.86万吨，节电663万度，二氧化碳减排8715吨，氮氧化物减排202吨，二氧化硫减排214吨，增效4200万元。

又比如，潍柴动力股份有限公司（潍柴）的董事长谭旭光先生指出，潍柴工业互联网发展的基本思路是由传统IT支持中心向引领业务创新及孵化的商业模式创新中心转变，涉及企业的研发、生产、销售、售后服务、产业链和管理等各项活动。

又比如，山东港口青岛港（青岛港），与青岛联通紧密合作，积极利用5G技术，对“5G网络同时承载超低时延实时工业控制协议以及大带宽高清视频回传识别”的能力进行了验证，为智慧港口建设提供了新思路。

再比如，青岛双星轮胎工业有限公司（双星），通过“二次创业”，关掉了所有的9个老工厂，建成了全球轮胎行业全流程“工业4.0”智能化工厂，不但大大提高了生产能力和产品质量，而且大幅度改善了车间劳动环境。

这些例子表明，工业互联网是工业发展中一次新的革命，企业需要顺势而为、积极有为；否则，就会在竞争中被淘汰。

关键点二：以企业的实际需求为出发点发展工业互联网

工业互联网发展过程中一个非常值得思考的问题是：人们对工业互联网抱有非常高的期望，但是实际效果并不总是令人满意。即使是通用电气（GE）和IBM这样拥有巨大实力和影响力的企业也遇到了巨大的挑战。为什么会出现这样的问题？这实际上涉及工业互联网发展的基本规律是什么，工业互联网的发展有哪些重要特点。比如，工业互联网是一个全能的、适用于所有工业、企业和应用场景的软硬件结合的网络？还是需要针对不同工业、企业和应用场景进行定制化设计、开发不同的解决方案？大量实践表明，至少在看得见的未来，答案更可能是后者。

比如，自然语言处理是先进的工业互联网的技术基础之一。但是，这个领域的专家的一个基本共识是，要让计算机具备高超的认知能力而不仅仅是感知能力，从而完全理解自然语言，可能还需要20—30年的时间，或者更长，虽然在一些特定的领域可以实现重大技术突破。正是基于这样的认识，北京国双科技（国双）作为一家领先的工业互联网解决方案提供商，没有试图开发一款通用的、适合所有场景的数字化转型方案，像微软一样，开发一个操作系统或者应用软件（如OFFICE），可以安装在很多很多台电脑上。国双的做法是，选择特定的领域或者行业，在这些领域或者行业一个一个攻关、一个一个突破。现在，国双在司法领域、在油气行业，都实现了具备相当智能的数字化转型解决方案的落地。

正因为如此，国双认为，工业互联网建设、企业智能化建设，需要不断尝试、逐步完善，不要指望大数据和人工智能技术一下子能解决所有业务难题。任何技术都有它的适用性和局限性，不同行业之间的智能应用是不可复制的，貌似相似的场景，因产业特性不同，实现难度和复杂度会不一样，这和传统的信息化建设完全不同。

另外，企业智能化建设不可能一蹴而就，需要根据企业自身情况，按自动化、智能化和创新化的层次不断提升产业人工智能的水平。在自动化阶段，不改变现有的业务流程，让机器替代人自动执行业务流程，从而实现降本增效；在智能化阶段，企业基于知识图谱等认知智能技术，让机器具备分析和决策能力，对业务流程进行改造，创造增量价值；在创新化阶段，人工智能技术与行业深度融合，从而重塑业务流程和产业链。

这就告诉我们，工业互联网的发展还处于比较早期的阶段，需要探索多样化的发展路径：既可以在一些特定领域采纳，也可以在条件成熟的情况下在全公司推广；既可以选择经济适用的技术方案，也可以选择投入巨大的前沿技术方案。

需要特别指出的是，对大多数企业而言，坚持实事求是的原则，从企业资源、能力的现状出发，从企业的实际需求出发，率先在一些特定领域取得突破，可能是更好的选择。反之，好高骛远，不但浪费了资源，也达不到目标。我们前面列举的例子也很好地说明了这一点。比如，山东东华水泥有限公司，工业互联网的重点是水泥熟料的生产环节；双星主要是在轮胎生产环节；湘钢则把机器替代劳动强度大而且非常危险的人工装料环节作为重点。青岛港的选择是依托新的生产性泊位，尽可能应用先进技术

（如5G），建设世界上最先进的无人码头，而不是把所有港区和泊位都建成无人码头。

关键点三：不断提高工业互联网解决方案的质量和水平

我们在前面指出，在工业互联网领域，即使是通用电气（GE）和IBM这样优秀的工业互联网解决方案提供商，也遇到了巨大的挑战。如何应对这一挑战？根据我们的研究，特别是对国双的研究，主要需要解决两个问题：一是坚持正确的技术路线，包括短期内尽可能避免开发过于复杂的、万能的解决方案，这样做可以大大降低提供高水平工业互联网解决方案的难度；二是真正理解应用场景和客户需求，开发出真正有用的解决方案。

我们重点分析第二个问题。这个问题的核心是，研发工业互联网解决方案的技术路线是什么？是工业互联网解决方案提供商根据自己对相关用户和应用场景的理解开发出解决方案，然后进行推广？还是以深刻把握相关用户和应用场景为起点，以相关技术（如自然语言处理技术、多维度分析引擎技术等）为工具，开发切实反映相关用户和应用场景需求的解决方案？看起来这是一个比较容易的选择，但是事实并非如此。根据我们的研究，特别是对国双的研究，至少存在两个比较大的挑战。

第一，企业愿不愿意在时间和其他资源上付出？国双的经验是，付出是必需的。比如，国双早期的司法LD产品可以为司法从业者提供强大的数据检索和挖掘能力，但是在具体的业务场景中，如在法官的审判工作中，尚不能提供便捷的智能辅助作用。为此，国双下决心开发了技术水平更高的“智讼”产品，包括“智能阅卷辅助”“主动式智能推送”“智能文书生成”“类案文书预警”以及“诉审判一致性提醒”等五个功能模块，在司法程序的各个业务节点上，实现分节点、分类型的为法官自动推送知识，给出开庭建议，完成文书写作，成为法官智能服务的“百宝箱”。这个过程充满曲折，历时3年多。在现实中，愿意花3年多时间研发一个工业互联网产品的企业是极为少见的。

第二，能不能吸引一大批极为优秀的行业专家？国双的经验表明，为了深刻理解客户和应用场景，至少在早期阶段，最有效的方法不是国双的数据科学家与客户紧密合作，也不是把理解客户和应用场景的任务外包给了解客户和应用场景的合作伙伴。最有效的方法是在企业内部建立一支实力强大的行业专家队伍。这支队伍，一方面拥有深厚的行业知识，对客户和应用场景的理解专业而深刻；另一方面，作为公司内部的同事，可以同公司的数据科学家进行真正有效的互动。

这种互动的“真正有效”，是相比于其他的互动形式而显现出来的。比如外包的方式，让“了解行业的合作伙伴”提供客户需求，因为合作伙伴是乙方，往往不敢提出与国双的数据科学家不同的观点，即使他们有这样的能力。事实是，他们往往缺乏这种能力，因为国双的行业专家往往是行业的顶级专家。比如，油气部门的负责人薛小渠先生，毕业于业内知名的华东石油大学，在中石油工作6年，然后又在哈里伯顿工作10年，对油气行业可以说是了如指掌。

关键点四：高度重视发展工业互联网过程中的领导、组织和管理问题

发展工业互联网不仅是个技术问题。实际上，从一定意义上讲，这主要是领导、组织和管理问题。对企业而言，发展工业互联网是典型的“一把手工程”，企业主要负责人如果不下大决心，亲力亲为，很难取得成功。我们从企业发展工业互联网的两个大的阶段分析其原因。

第一个阶段是工业互联网的建设阶段。在这个阶段，首先是要不要建设工业互联网。如前所述，工业互联网的发展现在还处于早期，存在很多风险，效益也不易清楚确定，在这种情况下建设工业互联网，需要一把手的远见、胆识和影响力。比如，当问到为什么要建设智能化生产车间时，双星的董事长非常自豪地说：“我很早就对这个问题感兴趣，我在海尔的时候就做了很多研究（曾任海尔副总），我也是山东这方面最早的专家之一。”

在建设工业互联网的过程中有大量的协调工作要做。比如，工业互联网的核心是把企业生产经营的各项活动数字化，这是一个非常费时费力的过程，也是对现有正常生产经营活动的“干扰”，没有一把手的督促、监督、协调，很难高质量完成。一位大型企业的IT主管讲：“我的前任推动企业数字化转型，几年没有多大进展；一把手换了以后，给了我尚方宝剑，6个月我就做成了。”

第二阶段是工业互联网的应用阶段。这个阶段的挑战更大，因为工业

互联网，特别是覆盖企业生产经营全方位、全过程的工业互联网解决方案，使得企业的组织变得非常扁平，企业的各项活动变得非常“透明”。这样的组织形式是现代工业社会以往没有过的，从这一角度看，适用于现代工业社会的一系列管理思想、管理组织、管理方法，可能都需要重新考虑。比如，因为很多“信息不对称”消失了，至少是大大减少了，企业管理者的监督职能会发生很大变化。又比如，更多的人可以在更多的场景中合作，组织协调的挑战性大大增强。再比如，也可能是最重要的，企业内部的权力结构和利益关系会发生很大变化，如公司的副总可能不需要那么多，中层干部的数量可能大大减少，由此带来的挑战是前所未有的。

一个具体例子有助于问题的理解。招商银行为什么能实现人少且效率高的经营状态？早在20世纪80年代末，招商银行就开始应用数字技术，像我们比较熟悉的一卡通、一网通都是招商银行率先推出来的，后来又发展到手机银行、掌上生活，包括我们现在熟悉的人脸识别，都是应用数字技术开发的新产品和业务。现在，这家企业的组织结构非常扁平化：在总部，从公司最高领导到最基层员工，中间只有一层，就是团队负责人这一层，每个团队负责人下只有五六个人，总部主要领导可同时接触100多位团队负责人。

关键点五：处理好“企业核心能力”与工业互联网的关系

需要客观认知工业互联网的作用，处理好“企业核心能力”与工业互联网的关系。从根本上讲，企业的竞争优势来源于“企业核心能力”，也就是企业独特的资源和能力。发展工业互联网的目的，主要是增强这些能力或者是使这些能力更好地发挥作用，而不是替代这些能力。

我们举三个例子，说明“企业核心能力”的关键作用。第一个是远大集团，这家企业在20世纪80年代末创立，其很重要的一个特点就是不跟别人进行价格竞争。远大集团发明的不锈钢芯板非常复杂、非常先进。现在这个芯板有望应用于各行各业，包括建筑、车辆、飞机，并带来革命性的变化。远大集团现在建造房子的速度可以非常快，长沙有一栋57层的大楼，是远大集团用时19天建起来的。在这个例子里，不锈钢芯板的研发和制造能力是核心能力，如果没有不锈钢芯板技术，大数据、云计算、互联网等技术都不可能发挥应有的作用。

第二个例子是中车株洲电力机车有限公司（株机厂），这是一家领先的地铁和高铁设备制造企业。有用户提出“已经使用10年以上的列车还可以安全使用多长时间？”从现在的技术水平看，企业还无法回答这个问题，所以，如果关于列车设备损伤和安全运营的核心技术没有突破，单纯的互联网技术是远远不够的。

第三个例子是前面提到的双星。体现这家企业工业互联网先进程度的一个重要标志是其“工业4.0”智能化工厂。但是，不同于大多数设备以买为主的制造企业，双星“工业4.0”智能化工厂的80%装备和工业机器人都是双星自主研发和制造的。

这三个例子告诉我们，需要避免一种倾向，即对工业互联网寄予过高的、不切实际的期望。处理好“企业核心能力”与工业互联网的关系，最根本的还是培养好“企业核心能力”，包括在核心技术上的突破，取得更大成就。比如，核心技术的突破，需要大量的投入，需要高素质的人才，更需要先进的管理理念和管理方法。以华为公司为例，2019年，华为公司的研发支出高达1317亿元，占其销售收入的13.9%，占全国研发经费的6%。华为的人才激励机制做得非常好，任正非先生的股份只占1%，99%的股份分给员工。所以说，中国的民营企业有许多优势，但必须在管理现代化方面进行探索，而不是单纯相信所谓的制度优势、机制灵活。

从更宏观的视角看，一段时间以来中美经济关系紧张，国内不少企业面临很大的技术挑战，一个根本原因是国内企业、产业的核心技术能力培养出了问题，政策上实质性的支持不够，战略上企业不足够重视自主技术创新。

关键点六：处理好工业互联网与人的关系

工业互联网的发展与人的发展是什么关系？是不是工业互联网越发展，对人的替代越严重？如果是这样的话，发展工业互联网的意义和必要性就需要重新审视。现在的观点差别比较大。一方面，很多人确实有这样的担心，人被替代掉了，大量失业，特别是简单劳动的从业者；另一方面，某些工业互联网领域，特别是人工智能领域的专家认为，这种担心大可不必，因为被工业互联网、人工智能替代的一些从业者可以改做其他的事情，而且某些事情上工业互联网、人工智能永远替代不了人。一位企业的CEO，同时也是工业互联网领域的资深专家指出："我的理想就是通过大数据、人工智能、工业互联网替代人，把凡是机器能做的事情都交给机器，把人解放出来。我们为什么一定要一天工作8小时甚至更长，为什么不能把节省出来的时间用在做一些更有意义的事情上？"

基于这些不同的观点，我们的研究表明，稳步推进工业互联网，切实处理好工业互联网与人的关系，需要做三方面的工作。一是做好工作岗位转换培训，以此应对可能的岗位替代。二是认真考虑工作时间的调整，适当减少工作时间（在不降低职工收入的情况下），为人的全面发展创造更好的条件。三是加快发展人工智能、工业互联网不能、难以替代的领域的工作。

其中，第三方面的工作尤为重要。实际上，这样的工作非常多。如前所述，工业互联网的核心是把企业生产经营过程中的各项活动数字化，从本质上讲，是对过去经验和教训的总结。这就是人工智能、工业互联网特别强调大数据、历史数据的重要性的原因。

但是，企业发展更重要的是开拓未来，企业新的发展战略，新技术、新产品的开发，新市场的开拓，新的创造性思想的诞生，都需要由人而不是机器和软件来实现。从这一视角看，工业互联网带来的不是简单的工作岗位的丧失，而是用更好的方法做事情的巨大机会。

工业互联网的发展方兴未艾，不同产业、不同企业乃至不同国家都在探索，认识上有相同的地方，也有不同的地方。基于我们对国内外企业实践，特别是国内企业实践的观察与思考，我们提出了上述六个关键点，希望在我国工业互联网的发展进程中起到一定的启发与助推作用。

《清华管理评论》2020年文章精选

互联网平台企业的社会责任为什么重要

钱小军 龚洋冉 张佳音 | 文

平台企业的社会责任之所以重要，体现在平台企业的组织模式、治理模式和商业模式——组织模式提升了企业的责任强度，治理模式削弱了利益相关者的话语权，商业模式引导了公众的行为习惯和价值取向。这种相对复杂的履责现状更加凸显了企业决策者的作用，主要体现在企业文化的社会责任导向的塑造和业务中技术伦理的考量。

钱小军，清华大学经济管理学院教授，清华大学苏世民书院副院长
龚洋冉，清华大学经济管理学院博士生
张佳音，清华大学经济管理学院副教授

无论是“困在系统里的外卖骑手”，还是“涉嫌赌博网站推广的百度员工被警方带走”，互联网平台企业的社会责任议题日益受到社会的关注。这类议题的影响之深、涉及范围之广、治理难度之大、背后逻辑碰撞之激烈，远超传统的以公益和捐赠为代表的企业社会责任议题。基于上述背景，已有观点主要聚焦于讨论如何促进、倡导和规范互联网平台企业的社会责任，但是鲜有关注互联网平台企业的社会责任为什么重要。探讨这一问题的意义在于挖掘互联网平台企业社会责任的底层逻辑，提炼其独特性和关键环节，为从业企业和互联网转型企业在日常运营和业务开展的决策中提供社会责任和社会价值方面的线索和考量，最终促进企业逐步实现经济价值和社会价值的统一。

平台企业的组织形式提升了履责方的责任强度

平台企业并非一个新生物种，类似的组织形式古已有之，贸易集市、大卖场（Shopping Mall）就是一种传统的销售平台。当下大家眼中的“平台企业”多指以互联网技术作为支撑，为用户提供某一种类综合商业服务的企业，如以淘宝为代表的销售平台、以百度为代表的搜索平台、以今日头条为代表的信息平台和以快手、抖音为代表的短视频平台。当下互联网平台企业的社会责任备受关注的首要原因是互联网平台企业本身的独特性。由互联网科技支撑的虚拟平台在连接范围、提供功能与承载的人、物和信息流量等方面都远超以往的任何实物平台——就企业特征而言，互联网平台企业体量大，发展速度快，具备更广泛的社会影响；就行业特征而言，互联网平台企业横跨传统和新兴行业，深入参与国家战略和人民日常生活；就业务特征而言，互联网平台企业的业务往往涉及某一类企业生态和产业链，平台的企业生态呈现出用户企业之间相互竞争和合作，互为利益相关者的状态，平台企业和用户企业之间更是相互依存、相互影响的关系。所以，互联网平台企业的组织形式使得企业本身与平台用户企业二者的利益和价值深度融合，也就是说，平台企业的战略、公司治理和相关行为不仅代表了自身的利益，某种程度上也引导了其平台上的用户企业的价值取向。进一步，我们可以认为相比于其他企业，平台企业的社会责任包括企业本身的责任及其用户企业的责任，责任方更多，涉及利益相关者更广，影响力更大，故而更容易引发社会关注。

我们可以用已有的企业社会责任框架来进一步分析平台企业组织形式对其社会责任的影响。联合国倡导的企业三重底线原则（Triple Bottom Line），企业实现可持续发展需要考虑经济、社会和环境三方面的责任，或外部性影响。企业的平台化意味着随着平台企业以及平台用户企业经营范围不断扩大，企业生产经营的外部性影响也在不断扩大，例如，一个外卖商家的互联网平台企业原本与环境污染并没有直接的关系，但是由于平台上商家对外卖的过度包装，导致城市垃圾处理压力增加。

根据卡罗尔（Carroll）在1991年提出的企业社会责任的金字塔模型（The Pyramid of Corporate Social Responsibility），企业的社会责任包括经济、法律、伦理和慈善四个方面，利益相关者对企业履行这些责任的期望也从“必尽”“应尽”再到“愿尽”，即以经济责任作为必尽基础，以慈善责任作为愿尽理想。企业的平台化意味着在“必尽”责任基础上，“应尽”责任和“愿尽”责任之间的边界开始模糊，原属于企业的“愿尽”责任逐渐成为企业的“应尽”责任，企业履责的“强度”变大，例如，对业务相关企业的规范和管理，以往多采用发起绿色供应链倡议等方式，期望供应链企业的自愿响应。而平台企业则是对它的用户企业负有不可推卸的法律责任，例如，销售平台企业应该明确禁止并采取相应的治理措施遏制用户企业出售违禁品和假冒伪劣产品。

著名战略学家迈克尔·波特（Michael Porter）提出企业共享价值框架（Shared Value），即企业应着眼于更广大的社会环境来考虑收益和成本，聚焦于识别和扩展经济与社会共同发展的联系。企业的平台化意味着企业价值从原来自身的成本与收益的对比，扩大到包含用户企业成本和收益的整体对比，对应所处的社会环境也从自身利益相关者扩大到包含用户企业的利益相关者，客观上扩大了平台企业价值的涉及范围，尤其是与用户企业、社会其他利益相关者的价值有了一定程度的融合。

平台企业的治理模式削弱了利益相关者的话语权

我们认为平台企业的治理模式影响了利益相关者参与企业履责的途径。公司治理模式本质上是企业权责归属的划分，企业通过构建完善的治理体系来保证其他利益相关方能够参与日常运营以及行使激励和监督职责。就普通企业而言，公司治理模式包括治理结构、治理规则、治理机制等“显性”方面，这种相对透明的治理模式可以帮助利益相关者更好参与企业的日常经营，即使是针对有着庞大的组织架构和管理体系的互联网平台企业。

但是，我们发现平台企业还可以通过互联网技术，包括AI算法、内容理解等，在平台中设置“隐性”的治理。《外卖骑手，困在系统里》一文所描述的骑手正是互联网平台企业“隐性”治理的代表性现象，正如文中写到的“在系统的设置中，配送时间是最重要的指标，而超时是不被允许的，一旦发生，便意味着差评、收入降低、甚至被淘汰”，这种由AI算法掌控的“实时智能配送系统”成为企业的另一种“隐性”治理工具，用相对苛刻的条件控制利益相关者的参与，由于“系统有能力不断地吞掉时间”，所以其直接利益相关者的外卖骑手，只能通过“和交警较劲，和红灯做朋友”来参与企业的外卖业务和保证自己的高绩效。还需要注意的是，面对“隐性”治理规则，利益相关者谈判和质疑企业的能力是相对较弱的。由于算法管理整个外卖业务的绩效管理，所以骑手的不合格参与会关联到其所在配送站点以及对应管理人员的绩效，这种利益相关者之间的绩效联动使得企业进一步削弱了利益相关者的话语权和参与感。这也可以被视作是一种信息不对称的环境下企业运用互联网技术对利益相关者的“剥削”。在公司治理制度日益透明的今天，互联网技术却似乎在其中扮演了一个负面角色。

另外，此事件发生后，某互联网外卖平台在App上推出了“我愿意多等5/10分钟”的功能，其本意是引入业务利益相关者的消费者参与共同治理外卖业务，通过对企业和利益相关者（外卖骑手、外卖消费者）之间业务价值和话语权的重新分配，缓解互联网技术隐性治理所带来的负面影响，这种在业务技术治理（Technical Governance）之中加入管理自由度（Managerial Discretion）的做法一定程度上体现了企业对业务的社会责任考量。需要注意的是，企业在履责的同时也把等待抉择中的道德责任转嫁给了消费者，这也引发了部分公众对企业履责动机的新一轮质疑。

平台企业的商业模式引导了公众的价值取向

结合前面的两个要点，平台企业社会责任的重要性还建立在一个基础的原因之上，即平台企业的商业模式对公众价值取向的引导。这种引导作用主要体现在两个方面：短期看是平台企业开展的业务对公众、对消费行为的改变；长远来看则是平台企业构建的商业模式对公众心智成长环境的塑造。

公众对平台企业的业务的“消费”是一种广义的消费，除了用货币换取商品实物或服务以外，更本质的其实是基于企业业务养成的各种生活习惯，如资讯获取、娱乐休闲、餐饮住宿等。依靠生态化的用户企业、体系化的业务序列、便捷化的技术服务，平台企业对公众的消费行为和习惯的改变是显而易见的。从淘宝、天猫双十一购物节的销售额增长可见一斑：2009年节日创立的销售额是5200万元，十年之后，2019年双十一购物节的销售量达到了2684亿，物流订单破10.42亿单。双十一销售额爆发式增长的背后是以淘宝、天猫为从代表的互联网购物平台对消费者购物习惯的改变，促使他们从线下逛商场转为线上逛网店。即使是在外卖行业这一餐饮的细分领域，平台企业也展现出了改变社会公众生活习惯的强大力量：2019年7月30日，美团外卖单日完成订单突破3000万，根据《2020外卖行业报告》，2019年外卖产业规模突破6500亿元，同时期中国餐饮市场的整体规模是4.6万亿元左右，外卖对餐饮行业的整体渗透率已达14%，形成了“外卖已逐渐成为人们的生活方式”的结果。相对传统行业，平台企业在新兴行业的表现更为突出，以短视频行业为例，2013年快手率先进入行业并开始搭建短视频平台，2016年4月快手社区的注册用户突破3亿，2017年12月社区日活用户（DAU）超过1.1亿，直至2020年年初，快手DAU超过3亿，直播日活用户超过1亿，投后估值已经达到286亿美元。不到10年的时间里，快手社区已经成长为集社交、商业、生活、媒体和专业知识等于一身的平台生态，让“市井生活视频化”逐渐成为一种趋势和时尚。

基于对公众行为习惯的深刻影响，平台企业及其商业模式还在潜移默化地塑造社会公众，尤其是年轻一代的价值取向。前不久，B站发布了一个名为《后浪》的短片，内容主要由B站的视频创作者（被称为“UP主”）和其作品的瞬间组成，担任旁白的何冰以“前浪”的身份讲述对这些“后浪”的期冀和希望，这个“献给新一代的演讲”引起了很多人的共鸣。几乎同一时间，短视频平台快手也发布了由快手用户作品瞬间组成的《看见》短片，担任旁白的黄春生（快手用户名为“朝阳冬泳怪鸽”）则以“看见的力量”为主题，倡导大家探索更大的世界，体验更多样的生活并从中发现更多的美好。作为互联网视频平台企业，B站和快手的商业模式正是建立在这庞大的用户群体和大量的用户作品之上的。这些用户和作品也代表了各种各样的世界观、价值观和人生观，对于观众，尤其是年轻一代而言，它们就是一个时刻进行着价值取向输出的枢纽。而如何把握好价值取向输出的方向，发挥积极引导作用，预防潜在负面影响则是平台企业履行社会责任的重中之重，上述的两个短片无疑是很好的尝试。

企业家需要意识到平台企业社会责任的重要性

如前文所言，平台企业的社会责任之所以重要，体现在平台企业的组织模式、治理模式和商业模式——组织模式提升了企业的责任强度，治理模式削弱了利益相关者的话语权，商业模式引导了公众的行为习惯和价值取向。我们认为这种相对复杂的履责现状更加凸显了企业决策者的作用，主要体现在企业文化的社会责任导向的塑造和业务中技术伦理的考量。

首先，企业董事会和高管团队层面需要意识到平台企业对社会的深远影响，努力将企业主营业务的社会价值、利益相关者期望乃至可持续发展趋势融入企业使命和价值观之中。例如，阿里巴巴的使命“让天下没有难做的生意”，腾讯的使命“用户为本 科技向善”，快手的使命“帮助人们发现所需、发挥所长，持续提升每个人独特的幸福感”，清控慕华教育的使命“提升教育质量，促进教育公平”。通过企业高层塑造企业文化中的社会责任导向，在企业内外实现企业社会价值相关的意义构建（Sense-making），有助于未来企业战略的制订和利益相关者的参与。

其次，企业决策者还需要在业务设计和拓展中慎重考量互联网技术的应用规则和底线，并且在各个利益相关者中进行披露和推广。例如，以年度报告的形式向企业股东、投资者和公众披露互联网技术应用和治理情况；以行业倡议或公约等形式在行业企业中推广；与高校和科研院所进行互联网技术的“产学研”合作，包括计算机科学、社会学、管理学、伦理学等领域，进一步发展技术优化和技术伦理两个方面的研究，明确未来的发展趋势。

正如美团网创始人兼CEO王兴在2014年中国企业领袖年会上谈到的“互联网化是企业家最大的机会”，面对愈来愈“无所不能”的平台企业，我们想用西蒙·斯涅克（Simon Sinek）所著的《无限的游戏》中的一句话来结束本文：“企业可以随心所欲地开展业务，前提是要能对自身行动的后果负责。”

本研究得到清华大学-INDITEX可持续发展基金（编号TISD201910；TISD201912）的资助。

后疫情时代：如何通过“有同情心的系统领导力”参与构建新世界

彼得 · 圣吉 | 文　何文天 | 校审

编者按：在新冠肺炎疫情仍在全球很多国家流行之际，大家都在盼望相关疫苗能够尽快投产使用。致力于复杂性系统研究的彼得 · 圣吉教授认为，靠疫苗来解决病毒问题只是一种“症状解”，这种“症状解”的解决方案实际上只会让人们更容易避免了解和解决问题的深层系统根源。病毒危机对我们的警示在于，我们生活的地球是活的、系统性的有机生命体。人类应该通过系统性思维，与地球上的所有生命和谐共处。而“有同情心的系统领导力”在帮助人们建立与自我的关系、与他人的关系，以及与更大系统的关系方面，都将具有现实的积极影响。

彼得 · 圣吉，美国麻省理工学院（MIT）斯隆管理学院资深教授、国际组织学习协会（SoL）创始人和主席、《第五项修炼》作者
何文天，清华大学经济管理学院博士生

新冠肺炎病毒来自“盖亚”警钟

关于2020年流行的新冠肺炎疫情，我们其实可以从物理学家卡普拉的研究和观点中得到一些重要启示。卡普拉写了很多关于量子物理学和传统智慧的文章，他尤其对中国古哲学有诸多思考。多年前他写了一本非常著名的书——《物理学之道》。他思考病毒的方式非常简单，他说病毒肆虐来自“盖亚”警钟（盖亚是古希腊神话中大地女神的名字）。科学公认的盖亚假说认为，我们的地球可能是一个巨大的有机生物体。地球上的每种生命都是一种生物体，每种生物体的工作方式都为地球上的生命创造出适宜的条件。太阳能量流的自然生命周期是支持这一观点的重要数据。太阳有几十亿年的寿命，在这个生命周期中，太阳的温度应该在两三亿年的时间内持续上升。但是，维持地球温度的能量却是相当稳定的。如果地球只是太空中的一块岩石，太阳的能量不断上升应该导致地球的温度不断上升，但事实上就相对增长的能量而言，地球的温度仍然非常稳定。

所以，我们应该注意到，有关太阳生命周期的科学数据，将我们带回到非常古老的理念。在所有古老的文化中，地球本身是活的。卡普拉教授谈到，新冠肺炎病毒是活地球给人类敲的一次警钟。我们看看过去二三十年间流行过的埃博拉病毒、非典，以及这次的冠状病毒，它们都有共同的特点，从荒野的世界跳到野生动物的世界，再到人类世界。这些病毒在动物的世界里不是问题，但它跳到我们人类世界，由于人类的免疫系统还没有进化到可以对抗病毒的程度，就会造成人类的恐慌。

随着人类在星球上的发展，由于人类物质财富发展的需要，人类在不断扩大其足迹的范围，因此与自然世界之间的空白空间越来越小。当我们被困在人类空间和野生王国空间之间时，灾难性事件会越来越频繁地发生。因为我们不能认为世界上只有人类，世界永远不会仅有单一的物种，人类也不会是唯一的物种。中国有个自古有之的理念——和谐，人类必须学会如何与自然界和谐相处。人类要做的是，在能做到的范围内有一定程度的稳定和进步。真正的文明在某种意义上取决于和谐程度。

对于那些为了食物而与世界和谐相处的传统民族来说，和谐不仅是一个听起来不错的主意，而是对他们的生存至关重要的生活方式。在他们那里，如果你失去了与自然的相互联系，你就失去了生存的能力。

我们都在等待疫情平息，之后生活可以变得更加稳定；我们也盼望疫苗能够尽快研发出来并投入使用，以便可以开始理智的旅行。但是疫苗只是一种技术解决方案，靠疫苗来解决病毒问题，我们系统语言称之为“症状解”。具有讽刺意味的是，这些症状性的解决方案实际上让人们失去了了解和解决问题的深层系统根源的机会。

我认为当下是非常重要的时间，可以让我们来认真思考，应该如何采用系统性的解决方案来解决疫情危机。科技拯救了我们，但我们应该意识到，现在到了我们必须改变的时候，不仅是为了我们能与自然和谐相处，也是为了我们与其他人能够和谐相处。

相互依赖的三个层次构成人类系统

上述想法和观点在我们的研究中有特殊意义。很多人都知道我致力于复杂性系统的研究，以及如何将系统思维和系统视角引入世界主流机构。所以，我在MIT的研究不只是学术性研究，我更希望我的研究能够影响商业运作。

要理解系统，首先要区分体系和系统。体系是非常有组织的，系统性是相互联系的。生命是系统的，一切都自然地发生在各组成要素互相依赖的网络中。有同情心的系统这一概念，与东方佛教文化中的慈悲有相似之处，与如何表现自己的人性有很大的关系。我们真关心彼此吗？是否能与他人的经历站在一起？与他人的痛苦站在一起？这样的彼此紧挨着并不仅仅是移情作用，或仅仅感受他人的生活，而是愿意活在他人的当下，站在别人的痛苦中。把同情心和系统放在一起，迫使我们去做一些我们在工作中一直试图去做的事情，例如，我们去研究学校如何工作，企业如何运作，甚至人类如何生存。在这些思考中，我们总是从一个基本的想法开始，那就是相互依赖。

作为人类，这种相互依赖表现在三个层次上。

第一个层次是个体本身的身体、心智、心灵。世界上所有的智慧传统在某种意义上都是基于这个系统，心理如何影响生理，导致疾病或促进健康？什么样的生活才是真正的健康生活？在这些传统中，快乐不是微不足道的概念，而是一种让自己的身体与意愿保持和平的深刻状态。不管我们在做什么，在哪里，身体、心智、心灵系统永远跟随我们。

第二个层次是在团体关系中与他人的相互依赖。我们在家庭、社区、企业组织中的人际关系，都是一种相互依赖的系统。大多数传统文化都非常重视家庭，家庭是基本的社会单元，我们在家庭中长大，在家庭中建立关系，在关系处理中面对人性的复杂性和环境中的各种挑战。在商业组织中，工作总是从打造团队开始。如何建立团队让人们可以真正彼此信任、坦诚相待，当问题出现时他们可以谈论问题而不是遮掩问题。很多商业文化中都充满了恐惧，身处其中的人不想谈论问题，担心因此受到指责，这样往往会导致更大问题的出现。因此，在企业团队中，我们必须学会如何处理团体中的个体和个性，并在关系处理中产生和谐。

第三个层次是更大的自然、社会、经济系统。

自然界的所有生命都在上述三个层次的相互依赖中共存和展开活动，“有同情心的系统领导力”的研究主要着力在分析领导力如何在自我、在与其他人的关系中以及在更大的生态和社会系统中发挥作用。

“有同情心的系统领导力”如何在教育和商业领域发挥作用

我们非常重视教育和商业这两个领域，尤其是小学和中学教育。“有同情心的系统领导力”研究从商业转向教育，主要有以下两个原因。

第一，对于社会系统，特别是未来的社会系统而言，学校无疑是最重要的机构，学校的同学、师生关系能维持50—70年时间。因此，在教育系统，主要做两件事：一是我们真正沉下心来思考，如何为下一代创造一个不同的世界，并为此做出贡献；二是我们应该如何关注孩子个体的成长和发展。

第二，教育系统具有更好的社会形态。在过去，人们在重视孩子教育的同时，也会考虑如何帮助他们过快乐而有意义的生活。通过关注教育，我们自然会关注社会的福祉，而且是长期的社会福祉。不幸的是，现在的教育越来越关注技术性指标，比如，这所学校有多少孩子考上了名牌大学，孩子们的教学成绩如何等。我们认为，孩子是社会中最重要的成员，特别是未来社会的重要成员。因此，在过去十年里，我们非常关注教育，我们利用有同情心的系统领导力来努力培养更多的老师和学生，借此帮助人们成长。

在我的思维中，商业和教育是政府机构之外的两大主要机构。商业机构的系统同样有自我、他人和更大的系统三个层次。企业真正的挣扎，特别表现在第一层（自我）和最后一层（更大的系统）。在商业机构中，所有人都知道团队很重要，团队对于企业成败非常关键。但是，在致力于个人发展的意愿上，不同的企业认知和表现却非常不同。但个人成长和发展对企业而言，却是至关重要的，真正健康的企业必须是培养健康人才的地方。在更大的系统层面，各个国家都在鼓励让企业在社会生态方面承担更多的责任。这一点对社会健康发展非常重要，各国企业都还有很多工作要做。我认为，一家企业对社区福祉的关注、对生态系统福祉的关注，将会对年轻一代更具吸引力。当前，世界各地的年轻人都不想在剥削性的行业中工作，很多人都想在拥有更多责任感的企业中工作。企业承担更加致力于社会和生态健康的责任，将会成为吸引和保留人才的关键。

因此，对企业而言，对整个社会健康的承诺不仅是浪漫口号，对于打造企业的竞争力更具实际意义。

本文整理自彼得·圣吉教授在“逆势生长，重启未来——第四届《清华管理评论》管理创新研讨会”上的主旨发言。